JAJP The Japan Association of Jungian Psychology

ユング心理学研究　第16巻

西欧近世の意識と
ユング心理学

日本ユング心理学会
編

創元社

はじめに

岸　本　寛　史

静岡県立総合病院

　2023年の日本ユング心理学会第11回大会は「西欧近世の意識とユング心理学」をテーマに開催された。本特集には、そのプレコングレス「17世紀における意識の概念の発明」における國分功一郎先生の基調講演と、河合俊雄先生・川嵜克哲先生による指定討論が収録されている。さらに、このテーマに関連して、猪股剛先生と老松克博先生の特別寄稿と拙論が収められている。

　ユングにとって「意識は第一番の関心事であった」という（Meier, 1983/1996）。ユング心理学においては、集合的無意識や元型の方に目を引かれることになりがちだが、それらはすべて、意識の複雑なはたらきを考えていく中で見いだされてきた。ユングの心理学の中心には「意識とは何か」という問いがあったのである。おりしも、ユングが「意識と無意識」についてスイス連邦工科大学で行った講義の講義録が出版された（Falzeder, 2022）。ユングが意識についてどう考えていたかを知ることができる貴重な資料だが未訳なので、拙論でその概要を紹介した。

　ところで、「意識」がユングの心理学の中心にあったのとは対照的に、神経科学において「意識」は長らく科学研究の正当な対象とはみなされてこなかった。状況が変化したのは、ここ30年ほどである。その端緒となったのが、フランシス・クリック（遺伝子の分子構造の発見でノーベル生理学・医学賞を受賞）とその同僚のクリストフ・コッホによる「意識と相関する神経活動（neural correlates of consciousness: NCC）」の探究である。以降、神経科学の技術的な進歩と歩調を合わせ、意識の科学研究は目覚まし

い成果をあげ、数多の知見が積み重ねられてきた。意識の生成に関する仮説も多数提唱されるにいたった。

このような状況を考慮に入れると、現在では意識のさまざまな側面を神経科学の知見と照らしながら検討することも可能な時代になってきた。國分先生が取り上げられたスピノザも、感情の神経科学的研究で一躍注目を浴びた神経科学者アントニオ・ダマシオが注目し、その理論構築の重要な支柱のひとつとしている。そこで、ためしに、ほんの触りだけになるが、プレコングレスのご講演と討論の中から二、三のテーマを取り上げて、本特集への誘いとしたい。

國分先生は「17世紀における意識の概念の発明」の前段階として、まず「意志」を取り上げられた。スピノザの立場に拠りながら自由意志を否定し、「意志」の概念はキリスト教哲学によって作られたものであることを確認された。そこで、「意志」ではなく「良心」を手がかりとして、意識と良心の関係が17世紀以前と以後で大きく変わったことに言及された。さらに、スピノザがこの流れに対して独自の立場を打ち出していると指摘された。

この「良心」に関する議論は、スピノザの『エチカ』第四部定理八「善および悪の認識は、我々に意識された限りにおける喜びあるいは悲しみの感情にほかならない」に基づいている。一方、河合先生は討論の中で「スピノザの『意識』というのは、結局のところ、これは『道徳』『良心』というんだけれども、快・不快ですよね」と、「善および悪」を生物学的次元で捉え直しておられる。この指摘にとても興味をそそられた。というのも、神経精神分析の創始者マーク・ソームズが意識の発生に関する理論で鍵に据えているのがこの「快・不快」だからである（Solms, 2021/2021）。

ソームズの見解を詳述する紙幅はないが、國分先生によれば、17世紀の西欧における意識概念の発明の鍵が「良心」（つまり、「善悪」を道徳的、社会的次元で捉えること）にあるのに対し、ソームズによれば、意識そのものの発生の鍵は快・不快（生物学的次元における善悪の認識）にあるという。こうして見ると、善悪の内容（次元）によって、さまざまな意識が生まれる可能性があるということになるのではないか。さらに、ソームズ

の議論における「自己組織化システム」と「感情」を、國分先生が論じられた「個人」と「良心」に置き換えると、ソームズの神経科学における独特な立場と、スピノザが意識と良心の関係に占める独自の位置との間にも対応が見いだされるように思え、興味深かった。

　國分先生が最初に取り上げられた自由意志に関しても、神経科学では、喧々諤々の議論がある。ベンジャミン・リベットが行った一連の実験結果は、自由意志を否定するものと解釈されたが、2012年にシュルガーが、論争の種となった「準備電位」は測定方法によるアーチファクトかもしれないと気づき、議論が新たな段階に入った（この辺りの事情はセス（Seth, 2021/2022）が詳しく論じている）。國分先生はスピノザの立場に拠りながら自由意志を否定されたが、これらの議論を目にされたら、自由意志の概念がさらに練り上げられるかもしれない、と期待してしまう。

　なお、最後に強調しておきたいのは、神経科学の知見と、哲学的心理学的見解の、一方を他方の根拠としたり、一方を他方に還元したりするのではなく、両者を対等の重みで持ちながらその奥にある "X" を見ていく、という姿勢である。そもそも、ユングの錬金術への取り組みも、例えば、有名な『哲学者のバラ園』の図も、一方で金と銀から合金を作るという物質レベルでのプロセスと、ユングが読み解いたような心理学的レベルでの解釈と、その双方を見なければ、全体を見ることにはならないだろう。その意味で、同時に神経科学にも目を向けていくことは、ユング自身の姿勢に通じるものであると私は思う。

文　献

Falzeder, E.（Ed.）(2022). *Consciousness and the Unconscious: Lectures Delivered at ETH Zurich, Volume 2: 1934*. Princeton, NJ: Princeton University Press.

Meier, C. A. (1983). *Bewusstsein. Bd. III des Lehrbuch der Komplexen Psychologie C. G. Jungs*. Zürich: Walter Verlag.（河合隼雄（監修）氏原寛（訳）(1996). 意識──ユング心理学における意識形成　創元社）

Seth, A. (2021). *Being You: A New Science of Consciousness*. London: Faber & Faber.（岸本寛史（訳）(2022). なぜ私は私であるのか──神経科学が解き明かした意識の謎　青土社）

Solms, M.（2021）. *The Hidden Spring: A Journey to the Source of Consciousness.* New York: Norton.（岸本寛史・佐渡忠洋（訳）（2021）. 意識はどこから生まれてくるのか　青土社）

目　次

ユング心理学研究　第16巻

西欧近世の意識とユング心理学

装丁　濱崎実幸

シンポジウム

本稿は、2023年6月3日に連合会館（東京都千代田区）およびオンラインのハイブリッド形式で行われた日本ユング心理学会（JAJP）第11回大会プレコングレスのシンポジウムをまとめたものである。

基調講演「17世紀における意識の概念の発明」

國分功一郎

東京大学大学院総合文化研究科

「意志」の矛盾

　本日のシンポジウムへのお誘いをいただいた際に、「自分の関心のある話でよろしいでしょうか」と申し上げましたところ、「ぜひそれで」と言っていただきましたので、本日は、僕が最近関心をもっていることをお話しさせていただきます。テーマは「意識の概念の発明」としていますが、まずはそこに至る経緯のようなものからお話しします。

　まず「意志」──英語だと「will」、フランス語だと「volonté」──について、2017年に『中動態の世界』（医学書院）という本を出しました。その中で、この「意志」というものについて、僕なりにかなり頑張って考察を深めました。この話を第一段階として、今日の話は第四段階まであります。

　今の世の中、「それはあなたの意志です」「あなたの選択でやったのだから、あなたの意志です」と「意志」という言葉がすぐ出てきます。けれども、この「意志」というのは、実はよく考えてみると非常に不確かなもので、それどころか矛盾していて、本当に存在するのかどうかすらよくわからない。そういう問題意識を『中動態の世界』では論じました。この「意志」の矛盾は、こんなふうに説明することができます。

　例えば、昔はよく駅前で、おじさん、おばさんを騙して羽毛布団などを売っていましたが、そそのかされて羽毛布団を買ったのであれば、その人がその人の意志で買ったことにはなりませんね。つまり、「意志」というのは、誰かにそそのかされたり、誰かに影響を受けたりすることなく、独

立しているということです。これは「自発性（spontaneity）」と言い換え
てもいい。独立しているとは自発的だということです。

　その人が独立して、何ものからも影響を受けずに自分で決めた、自分で
選択した、自分で行為した、そういう場合にのみ、その行為はその人の意
志によってなされたと言われます。そそのかされて羽毛布団を買った時は、
その人の「意志」で買ったとは言われません。だから、意志は、独立性あ
るいは自発性を備えているものと見なされていると言うことができます。

　しかし他方で、意志を発揮して何かをしたように見えても、その人がま
ったく何の影響も受けていないということはありえません。僕らの周りに
は、こうやって周囲の空間があり、人々がいて物があり、そして何より心
には必ず過去があります。

　つまり、意志は、一方では周りの環境から完全に独立していなければな
らないと思われている。でも、他方では、周りあるいは過去と必ずつなが
っていて、非独立性をもっている。言い換えれば、非自発性ですね。意志
は独立性と自発性を備えていなければならないけれども、人間の心の中に
は、何の影響も受けていない、純粋でピュアな出発点など存在しない。こ
れは矛盾です。我々は日常において、なんとなくこの「意志」という概念
を使っていますが、この概念は端的に矛盾しています。

　東京芸術大学の保健管理センターで教授をされていた内海健先生は、
「もし人間に本当に自由意志が備わっていて、本当に自由意志に基づいて
行為している人が目の前に現れたら、その人は狂人に見えるだろう」とい
うふうにおっしゃっていました。なるほどと思います。もし、何の文脈も
ない、周りや過去ともまったく関係ない、そういった行為が現れたら、そ
れは非常に奇異なものとして人の目に映るはずです。人間の行為がなんと
なく周りに溶け込んでいるのは、その文脈の中に位置づけられるようなこ
とをしているからですね。つまり、非独立性、非自発性をもっているから
です。

　というわけで、この意志という概念はきちんと基礎づけられたものでは
ないと言うことができます。矛盾していて、存在すらあやしい。にもかか
わらず、なぜこんな曖昧な概念が我々の日常生活の中に入り込んでいるの

かというと、責任がこの概念を要請するからです。これは簡単なことで、あなたの意志でやったのだから、あなたの責任でしょうという話です。

僕はよく学生に、殺人を犯すのは難しいという話をします。人を殺したとしても、ホミサイド（homicide）だけではマーダー（murder）にはなりません。法的な条件がたくさん課されて、殺意、すなわち殺そうとする意志が認められなければならないとか、心神耗弱の状態になかったとか、年齢が一定以上である、などの条件をクリアして、やっと殺人罪が成立するわけです。

ここでも意志が責任と結びついています。意志と責任を結びつけて考えることに僕らは慣れていて、これを当たり前だと思っている。けれども、その根拠になる意志の概念は矛盾している。そしてこの矛盾した概念が責任を根拠づけるために要請される。ここからは責任を考え直す方向性が出てきますが、この点については、今日はお話ししません。

問題は、こういう話をすると――僕自身もそう思っていたんですけれども――「意志が存在しないのだとしたら、行為を一体どう考えたらいいんですか」ということになります。人間の意志、自由意志あるいは意志の自由が存在しないのだとしたら、人間はロボットなのだろうかという疑問が当然出てくるわけです。今日はこの点について考えてみたいのです。

行為は意志の実現ではない

僕は最近、スピノザ（Spinoza, B.）という人について本を書いているのですが、この人は、17世紀、オランダのアムステルダムに生まれた哲学者で、300年以上も前の人です。哲学者の中で「意志」の概念というのを批判的に考察した人は何人もいますが、スピノザはおそらく最も強力に「意志」の概念というものを批判した哲学者です。「自由意志」あるいは「意志の自由」というものは存在しない、ただ、我々がその行為の原因を知らないから、自分の意志で行為したと思い込んでいるに過ぎない。というのも、人間の行為には必ず原因があるからです。

たとえば僕は今日、やる気満々でここに来ていますけれども、もちろん、学会から依頼があったから来ているわけです。また、今日、河合俊雄先生

は会場には来られなかったわけですが、それは新幹線が止まってしまったからです。僕にはそうした外的障害が幸運にも働くことはなかった。しかし、何らかの事故が起こることは十分に考えられます。すると、無数の原因が奇跡のように収斂して一つの行為が成り立つことが分かります。僕が今日ここでみなさんの前でお話しさせていただいているのも、本当に奇跡だと思います。本当に信じられないぐらいの要因がうまく回って、この機会が実現したということです。

　よく考えてみると、人間の行為というのは、すべて、そういう奇跡のような性格をもっています。すごくたくさんの原因から成り立っているわけですよね。

　僕はよく「ずいずいずっころばし」の話をするのですが、あの童歌は、「井戸の周りでお茶碗欠いたのだあれ？」で終わりますね。「お茶碗を割ったのは誰か」という意味です。ある少年が「自分が割りました」と自己申告したとしましょう。人は彼にその責任を負わせようとするかもしれない。しかし、なぜ彼がお茶碗を割ったのかを考えていくと、もしかしたら、それはお母さんから叱られたからかもしれない。お母さんがガミガミ叱ったのはなぜかといえば、お父さんと夫婦喧嘩したからかもしれない。お父さんが夫婦喧嘩に至ったのは、会社で嫌なことがあったからかもしれない。そういうふうにたどっていくと、人間の行為というのはいくらでも原因を遡れます。

　でも、そうすると、責任というものが曖昧になってしまう。だから、ブツンと因果関係を切断するわけです。無限に続いていってしまう、無限に拡散していってしまう因果関係をズバッと切って、きれいな線分を作り出す。その線分の端っこにあるのが「意志」です。君の意志からこの行為が始まっているから君の責任だね、というわけです。「意志」というのは、切断という性格をもっています。

　しかし、問題は、その意志が全然ウェルファウンデッド（well-founded）なものではなく矛盾を抱えていることです。その場合、「行為」をどう考えたらいいだろうか。

　先ほども言ったように、意志の概念、意志の自由、自由なる意志を否定

すると、人間はロボットなんですかという考えが当然出てきます。でも、人間はロボットではないですよね。これをどう考えたらいいか。

　人間の行為とは、先ほどから言っているように、ものすごくたくさんの要素で決定されています。ところが、人間は、どうしても行為を意志の実現と考えてしまう。これが間違っているのです。行為は意志の実現ではないんですよ。さまざまな原因の関係の実現なんですね。さまざまな原因が関係して、それがある行為につながっていくわけです。

　行為を意志の実現とみなす考えというのは、行為を一元論的に捉えています。一元論的とはどういう意味かというと、「意志」という一つの原因が行為を規定しているということです。でも、実際には、行為が一元論的に規定されているはずがありません。多元論的に規定されています。ものすごくたくさんのいろんな要素、無限の要素が関わって一つの行為が成立しているのです。

　ここまでが『中動態の世界』で書いた話です。しかし、行為はいろんな要素で多元的に決まっているから、べつに意志の自由を否定したところで、人間がロボットだということにはならない。それはわかったけれども、何かちょっと引っかかるなあというのがありました。どういうことかと言うと、人間には意識（consciousness）もあるということがここで気になってきたわけです。

「意識」の概念の発明

　「意識」とは何なのか。分野ごとに何らかの定義はあるでしょう。しかし、確定的な定義があるわけではありません。にもかかわらず、「ああ、自分が今意識をもっているな」ということは誰もがわかるわけです。意識にはそういう非常に不思議な性格があります。誰もきちんと説明できないけれども、誰でも知っている。

　人間の行為の決定には、さまざまな要素が関わっていると言いましたが、意識も関わっているはずです。僕は、まずは意志というものを責任との関係で批判的に考察しました。でも、そうすると、今度は行為の決定に関して意識の果たす役割も考えなければならなくなってきます。それで、今、

意識についていろいろと調べ物をしているのですが、その中で非常に面白いことがわかってきました。

まず、これは『中動態の世界』でも強調した点ですが、古代ギリシアには「意志」の概念がありません。「意志」は超歴史的に存在している感じがしてしまいますが、どうやらこれはキリスト教哲学がつくった概念のようです。おそらくはまずパウロが、そして、アウグスチヌスが「意志」の概念をつくった。現代の僕らは「意志」がない世界なんてイメージすらできないぐらい「意志」の概念というのは強い力をもっていますが、もともと人間は「意志」というものを頼りにものを考えていたわけではありません。

そして実は「意識」についても、調べていったら同じようなことがわかってきました。今日はそれをみなさんと共有しつつ、その歴史的文脈を考えていきたいと思います。

今日の講演のタイトルは「17世紀における意識の概念の発明」で、タイトルからわかるように、僕らが一般的な概念として使っているこの「意識」は、超歴史的に存在しているものではなく、17世紀に発明されたものです。「発明された」とはどういう意味か、なぜ、どのようにして発明されたのかについて説明しつつ、僕が関心をもっているスピノザの哲学にも結びつけて話をしていきたいと思います。

スピノザの『エチカ』は、短い定理、定義、公理が並んでいる本です。地の文が続いているのではなく、「定義一」「定理一」、その証明や備考などが数学の本のように書いてあります。ですから苦手だという人も多い。全五部で構成されていますが、私がお薦めするのは第四部から読むというやり方です。

その第四部から「定理八」を見てみましょう。

「善および悪の認識は、我々に意識された限りにおける喜びあるい
は悲しみの感情にほかならない」(『エチカ』下巻、畠中尚志訳、2011
年、岩波文庫、p.23)

　これはどういう意味でしょうか。「善および悪の認識」とは、要するに
「これは良い」「これは良くない」という人間の認識のことですから、一言
で言えば「良心」を指しています。

　次は述語部分です。「喜びあるいは悲しみの感情」というのは、要する
に感情のことなので、「我々に意識された限りの感情」ということです。
これをさらにつづめてしまえば、「意識された感情」ということです。「意
識された感情」とは──『エチカ』の細かいところに入ってしまうので詳
細は飛ばしますが──「意識」の対象は、感情あるいは身体でしかありえ
ないので、要するに、これは「意識」のことを言っています。

　とすると、一見したところ何を言っているのかわからないこの定理は、
一言で言い換えると、「良心とは意識である」と言っていることになりま
す。良心と意識をイコールで結んでいる。どういうことでしょうか。

「conscientia（コンスキエンティア）」をめぐる歴史的背景

　意識＝良心とスピノザは言っている。良心とは、英語では conscience で
す。確かに、consciousness と conscience は似ている感じがします。みなさ
ん、もし手元にフランス語の辞書があったら引いていただければと思いま
すが、フランス語で「conscience（コンシアンス）」を引くと、「1、良心。2、意識」と書
いてあります。フランス語の「conscience」は、良心と意識を区別してい
ないのです。僕は初めてそれを見た時に、「フランス人は意識と良心を区
別しないのか。いったいどうやって話をするんだ」とものすごくたまげた
のを今でも覚えています。その謎が最近になってやっと解けてきたという
ことなんです。

　少しずつ種明かしをしていきたいんですけれども、どちらの単語も、ラ
テン語の「conscientia（コンスキエンティア）」という単語からきています。英語は「conscious（カンシャス）」
ですけれども、これはフランス語から英語に入ってきた単語ですから、

「conscience」のほうが先にあります。

　調べてわかったのは、「consciousness」という英単語は、17世紀に英単語のconscienceから造語されたものだということです。英語では何でも「ness」をつけると名詞になるわけですけれども、「consciousness」という語には何か無理やり感がありますね。実際にその通りで、17世紀にラルフ・カドワース（Ralph Cudworth）という神学者がつくった単語だと言われています。そして、それを世の中に広めたのが、ジョン・ロック（John Locke）という人です。

　ちなみに、ジョン・ロックとスピノザは、ジョン・ロックのほうが長生きしていますが同い年です。また、顕微鏡で有名なレーウェンフック（Leeuwenhoek, A.）、さらには、絵画で有名なあのフェルメール（Vermeer, J.）も同じ年の1632年に生まれています。

　ちょっと話が逸れました。ジョン・ロックがこの「consciousness」という概念を世に広めた。なぜ広める必要があったのかというのが、今日の話の一つ大事なポイントになりますが、そこに行く前に、語源であるラテン語の「conscientia」という語を見てみますと、「con」という接頭語が「scientia」という言葉にくっついています。「scientia」は見てわかるように、「サイエンス」、すなわち「知」「知識」という意味です。「con」というのは、前置詞の「cum」からつくられ、「with」「共に」というような意味です。

　ですから、「conscientia」は「共なる知」のような意味になります。辞書を引くと、例えば「common knowledge」と書いてあります。だから、「常識」に近い意味をもっています。あるいは、共有されている知識ですから、モラルと言ってもよいかもしれない。

　こうして見てくると、「何か変だな」という感じがしてくるわけです。どういうことかといいますと、共有されているものですから、「conscientia」は基本的に社会的なものです。ところが、僕らが知っている「意識」は個人的なものです。先ほど名前を挙げたジョン・ロックも、「個人」を定義するために、この「consciousness」という言葉を使うことになります。

　なぜ社会的に共有されているものが、個人的なものになってしまったの

か。何らかの意味の変化があったことが、ここからわかるわけです。もともとは社会的なものとして存在していた「conscientia」が、なぜか個人的なものを指すようになった。そういう意味上の大きな転換がどうもあったらしい。そしてこの転換が起こったのが、スピノザやロックが生きていた17世紀なんです。

　ポイントになるのが、ジョン・ロックによる「個人」の定義です。なぜジョン・ロックが「個人」を定義する必要があったかというと、ジョン・ロックは、その当時問題になっていた「所有権」の帰属先をはっきりさせる必要を感じていたからです。いわゆるブルジョア社会が出てきて、財産権、所有権を明確に規定して保護する必要が出てきました。

　個的所有権というのは、もちろん個人に帰属しますが、すると「個人の何に帰属しているんですか」「個人とは何ですか」という問題が出てきます。つまり、ここで非常にプラクティカルな問題が哲学的な問題に直結するわけです。

　ジョン・ロックによれば、個人とは意識です。個人の根幹にあるのは意識である。では意識とは何か。次のように定義されています。「Consciousness is the perception of what passes in a Man's own mind」。人の心の中で起こることの知覚が意識だとジョン・ロックは言います。

　べつに何も不思議なところはない感じがしますが、ジョン・ロックが「個人」を「意識」で定義する時、一つの大きなハードルを乗り越えなければなりませんでした。それが、意識と良心の無区別です。良心は社会的な善悪と関係しています。しかし、個人を定義する意識は当然、個人的なものでなければならない。そこで、ロックは当時新しく造語されたconsciousness というやや見栄えの悪い言葉に頼りました。

　新しい語ですから、翻訳は非常に困難でした。フランスでは仕方なくcon-science とハイフンを使って訳しましたが、定着しませんでした。ライプニッツ（Leibniz, G. W.）はロックを批判する中で、conscienciosité という単語をつくって consciousness を翻訳しましたが、これも定着しませんでした。

　結局、フランス語は、17世紀の時点でこのジョン・ロックの発明を輸入

しようとしたけれども、言葉の上ではこれをうまく輸入できなかった。だから、conscience という語が意識も良心も意味するという事態がそのまま残ることになった。「残る」というと不正確ですね。単語の上では区別されないまま、意識という新しい意味をこの単語から読み取ることになった。

　良心は善悪の認識ですから、その人が生きている社会と切り離せません。それに対し、意識は徹底して個人的です。そうすると、conscientia というのは、個人的なものと社会的なものが等置されている不思議な語に思えてきます。これはいったいどういう状態なのでしょうか。

意識と良心が区別されない状態

　意識と良心が区別されていなかった状態とはいかなる状態か。人間を考える時に、とりたてて意識と良心を区別しないでよかったというのはどういう事態なのか。僕も、これを最初に知ってから、人に説明できるようになるまで、かなり時間がかかりました。

　意識と良心が区別されないということは、人間が自分の行為を意識した時に、必ずそこで良心が作動することを意味しています。人間が何かを意識することが、その人のもっている良心の働きと切り離せないものとして考えられている。フロイトの言葉を使えば、意識には必ず、超自我に見られている感じがあるというわけです。

　人間には、良心すなわち善悪の認識がある。その良心に従って行為できるかどうかは別として、人間には社会的に植えつけられたモラルのようなものがある。言い換えると、人間、あるいは人間の意識は必ず価値観を伴っている。

　もうちょっと言葉を足して説明していくと、こうなります。ここで前提されているのは次のような考えです。まず社会がある。まず社会があって、その中に個人が生まれ出ずる。当たり前ですけれども、個人は必ず社会の中に生まれ出ずる。だから、その社会の中で、生育環境の中で、何らかのモラル、価値観を身につける。食べている時に音を立てないとか、人の悪口を言わないとか、差別しないとか、無数の価値観を身につける。意識はそうやって身につけた価値観、モラル、つまりは良心と無関係ではありえ

ないということです。conscientia の中では、そのような意味で意識と良心が結びついている。言い換えれば、社会的なものをもたない人間、社会以前の人間という存在は想定されていない。

これがいわば「ロック以前」の思想です。これに対してジョン・ロックは何をしたのか。ロックは社会に包摂される以前の個人というものを理論的に考えてみたわけです。つまり、人間を抽象化し、「良心」という社会的なモラル、小さい時から押しつけられるモラルのようなものを前提としない、社会以前の人間を想定し、それを個人と呼んだ。

なぜそうしたのかというと、国家・社会以前の個人を定義することで、社会ではなく個人がまず存在していて、その個人が集まって国家・社会を形成したという理論を打ち立てるためです。これがいわゆる「社会契約論」の考え方です。個人が集まって国家・社会をつくるのだとすれば、国家・社会に先立つ個人を想定しなければならないわけです。

これも学生の頃からおかしいなと思っていた言葉ですが、よく考えてみると、「国家」は英語で「state」といいますけれども、なぜ「状態」が「国家」なのか。それは、国家が状態として存在していることは自明の理であり、国家というのは常にそこにあるものを指していたからです。それがロック以前の当然の考え方だった。

だから、ロック以前の段階では、国家・社会に先立つ個人を考える必要はなかった。個人とは常に国家・社会に包摂された存在であったからです。だとすれば、社会が押しつけるモラルを身につけていない個人などというものを考える必要もありません。意識という個人的なものは、良心という社会的なものと区別されていなかったわけですから。その段階では、国家・社会を離れた、自然状態における権利などという考え方はありえません。

それに対し、近代に入って、17世紀以降に出てきた考え方というのは、自然状態においても人間には自然の権利、自然権があるという考えです。個人そのものの尊重という考えがそこから出てくる。諸個人が自然権を放棄することで国家が形成されるという社会契約の思想も生まれる。

その中で個人は、社会に包摂される以前の存在として捉えられています。

良心から区別された意識の持ち主であるということになります。意識は社会的なものである良心を想定しない仕方で考えられなくてはなりません。そして、意識が良心と切り離されるということは、意識が良心のような価値観を伴っていない中立的なものとして措定されるということです。実際、我々は「意識」と言う時、まずはそれを価値観とは無関係な、抽象的で中立的なものとして思い描きます。国家・社会に先立って存在する個人の核としての意識という概念は、こうやって誕生したわけです。

　しかし、人間は必ず社会の中に生まれ出ずるのであり、したがって、いかなる価値観からも自由な意識をもった人間など存在しません。意識と良心を同一視するようなロック以前の人間観の方が自然だと言うことができます。価値観をもっていることを「道徳的」と言うならば、「意識は常に道徳的である」からです。

　それに対して、ロックは人間を抽象的に捉えていて、かなり無理をしています。価値観から自由な意識をもった人間など現実には存在しないからです。しかし、それはあくまでも法的に要請されたものであることに注意しなければなりません。ロックは個人を意識によって定義することで、所有権の帰属先としての個人を明確化したと言えます。

　人権などのさまざまな権利も個人という概念に基礎を置いています。2012年、自民党がつくった「憲法改正草案」では、日本国憲法の中にある「個人」という言葉が削除されていました（第13条）。これが「人」に置き換えてあった。何も知らなかったら、べつに「個人」でなく「人」でもいいんじゃないという感じがするかもしれない。でも違う。憲法で用いられる「個人」という語には、ここまで説明してきた歴史的背景があるわけです。つまり、ここで言う個人とは、単なる一人の「人」ではなくて、国家・社会に先立って権利をもち、その権利を守られるべき存在のことです。

　みなさん、どうでしょうか。意識と良心が区別されていなかったという事態をだいぶイメージできるようになったでしょうか。個人はあくまでも国家・社会の中に生まれ、その中でこそ立派な存在へと育っていくというのが17世紀以前の考え方です。つまり、非個人主義的な考えです。個人に対して国家・社会が先行しているわけですから。

　それに対して、17世紀以降、ロック以降は、一言で言えば、個人主義的な考えになっていきます。つまり、国家・社会に先行する個人が考えられるようになっていく。そして、それが個人の権利を尊重する法思想の礎となっていきました。ですから、良心と意識を区別することで、意識によって個人を定義したロックの思想は極めて重要です。先ほど言及した自民党の憲法改正草案はそうした歴史を無視したものです。

近代以降の「個人」概念とスピノザ

　しかし、この近代的な個人の概念にいろいろ問題があることも事実です。そこに描かれているのは、極めて抽象的な人間像です。独立を認められているけれども同時に徹底して孤立している、そんな存在です。個人は社会とのつながりを断たれた、一人で選択して一人で決断を下す存在として想定されることになる。そのような個人はあくまでも抽象的な存在であって、我々が現実の中で出会う人間とはまったく異なるものであることは言うまでもありません。

　これは仕方のないことです。法的な概念ですから。しかし、個人を考察する哲学がこの抽象的規定で満足してしまい、実際にこの自然、社会、国家、人間関係等々の中で生きている人間から乖離してしまっているのも事実です。

　そこで僕が紹介したいのが、スピノザの考え方なのです。スピノザは意識と良心を区別していません。つまり、その意味でスピノザの思想は、17世紀より前の人間像と共通性をもっている。抽象的ではない具体的な人間、社会・国家の中に常にすでに生きてしまっていて、社会的な価値観を身につけてしまっている人間をスピノザが対象にしていることがわかります。

　だとすると、スピノザはロック以前の思想に属する古いタイプの哲学者だということになるのでしょうか。そうではありません。というのも、良心と意識を同一視する一方で、スピノザはロックとまったく同じく、自然権を発見しているからです。スピノザには個人を尊重する近代的思想が見いだされるのです。

　これは大変異常な事態です。ロックのように自然権を認めるのであれば、自然権を有するのは国家・社会に包摂される以前の個人であるはずですから、良心とは区別された意識の概念が必要になるはずです。ところがスピノザは、自然権を認めているにもかかわらず、意識は良心とは区別できないと言っているのです。これは何を意味しているのでしょうか。スピノザが自然権をもった人間存在を、あくまでも社会的な存在として、具体的に捉えようとしているということです。ロックの著作はスピノザの死後に出ましたから、スピノザはロックの思想を知りません。しかし、スピノザには、すでにロックの思想に対する批判があると言うことができます。社会から切り離された、社会以前の個人などという存在は虚構だという批判です。

　つまり、次の三つのパターンを区別できることになります。

　（a）17世紀以前──意識と良心が区別されない（あるいは曖昧）。個人に対する社会の優位。

　（b）17世紀以後、ロック以降──意識と良心が区別される。社会に対す

る個人の優位。（近代的）自然権を認める。

（c）スピノザ——意識と良心が区別されない。（にもかかわらず）個人の自然権は認められ、また個人は社会的存在として位置づけられる。

　（a）から（b）へというのが歴史の大きな流れです。それに対して、いかにスピノザが特殊な位置を占めているかがおわかりいただけると思います。スピノザは個人の尊重を大切にする。しかし、だからといってその個人を抽象的には捉えない。必ず、現実の社会の中で、つまり、何らかの価値観（良心）を押しつけられた意識をもつ存在として人間を捉えています。

　近代の思想においては交じり合うはずのない二つの要素が交じり合っているのがスピノザの哲学です。だからこそ、スピノザは哲学史の中でもマイナーな位置にいるのです。思想史におけるメジャーな流れ、教科書的説明ではうまく説明できない哲学なんです。この不思議な位置づけこそが、スピノザ哲学の魅力であるように思います。

　どうもご清聴ありがとうございました。

國分功一郎（こくぶん・こういちろう）…………………………………………………
1974年生まれ。東京大学大学院総合文化研究科博士課程修了。博士（学術）。現在、東京大学大学院総合文化研究科教授。専攻は哲学。著書に『スピノザの方法』『暇と退屈の倫理学』『ドゥルーズの哲学原理』『来るべき民主主義』『近代政治哲学』『中動態の世界』『スピノザ』『目的への抵抗』など多数。

討論──基調講演を受けて

指定討論者　河合俊雄
　　　　　　川嵜克哲

中動態との重なり

　河合　國分先生、どうもありがとうございました。それでは、まず川嵜先生からお話しいただき、その後、私から話して、國分先生に1回答えていただいて、後は自由にという形で進めたいと思います。

　川嵜　國分先生、たいへん刺激的でいろいろな連想が広がるお話をありがとうございました。

　16世紀の宗教戦争によって壊滅的なダメージを受けたヨーロッパが、17世紀になると國分先生が言われた「インフラの時代」として土台から思想を作り直していく。そのような背景において、ロックは「所有権」をもつ自律的な「個人」というものを考えた。その「個人」を定義するものが「意識」であったわけですが、その頃は「意識」と「良心」とは区別されていなかったというお話が、まずとても印象的でした。つまり、当時においては、個人の意識は社会的に共有されたモラル（良心）に包まれているというか、良心が浸透した意識というのでしょうか、そのような個人、意識のあり方だったということかと思います。しかし、ロックは「社会に包摂されていない個人」というものを考え、それ以降、このような「個人」観がスタンダードなものとなっていくわけですね。社会的なモル状態と結びついていた人間の状態から、アトム的な個人へと変化していく。

　ここで、國分先生が話されたスピノザの考えがとても興味深く感じました。スピノザは意識と良心を区別しない。その意味で、一見、ロック以前の古い考え、つまり個人（の権利）というものを認めない立場に立つよう

に見えるけれども、そうではないのだというところが非常に面白かったで
す。スピノザは、意識と良心を区別しない、にもかかわらず、自然権とし
ての個人、個人の権利を認めているわけですね。これは、西欧圏を超えて、
現代、日本を含めて世界に広く浸透している「個人」、ロックが言う意味
での「個人」とは異なる個人のあり方の可能性を示すものとしてたいへん
重要な考えだと感じました。

　また、以上のことがらは、先生が精緻に研究されている中動態とも重な
る印象をもって話をお聞きしていました。冒頭で少し触れられた、先生の
ご著書である『中動態の世界』は、私もその熱心な読者なのですが、そこ
で指摘されている重要なことは、インド＝ヨーロッパ語圏においても、能
動態と受動態という対立は比較的新しく出現したもので、それ以前は能動
態と中動態という対比のみがあったということだと思います。ロック的な
意味での「意識」や意志、あるいは所有権をもった個人というのは能動と
重なるものだと思います。ですので、17世紀における「ロック以前」から
「ロック以後」という変化と、「能動態／中動態」から「能動態／受動態」
という変化は、――もちろん、その変化した具体的な時代はぜんぜん違う
わけですが――とてもパラレルなところがあるという印象をもってお話を
伺っていました。ロックによって「個人（の意識）」を包んでいた「良心」
が排除されていったプロセスと類比的に、「能動／受動」の対が成立する
と同時に中動態というあり方が排除されていったという連想です。

スピノザの「個人」と河合隼雄の「意志する女性」

　川嵜　私の中でこの連想に関してさらなる連想が連なっていくのですが、
それは、河合隼雄先生が考えておられた「女性」に関することがらです。
河合先生が提示された重要な考えの一つに、日本人にとっての自我という
ものが、女性像、すなわち女性として表現されるのではないかという考え
があります。これは、河合先生が日本の昔話を海外のものと比較する研究
のなかで、またその背景としてある河合先生の心理療法実践から出てきた
考えです。

　ロックの考える「個人」というのは、臨床心理学畑の者からすると「ザ

・自我」という感じなのですが、一般的にはそのような「自我」というのは、サイコロジカルには男性像という象徴で表現されます。能動的で自律しており、意志をもつ主体ということですね。

　しかし、河合先生は、日本人の自我はそのような男性像ではなく、女性像として表現されるようなあり方をしているのではないかということを指摘されるわけです。ここで言われている「女性」は、男性／女性というような、男性と二項対立する構造における女性ではありません。二項を対立するものとして構造化すること自体が男性的だからです。そういった二項対立構造のなかで男性と対比させられる女性は、いわば男性を単純に裏返したものに過ぎない。能動態／受動態の対立もまったく同じです。「〜する」という能動的な行為があり、その作用を受ける側が「〜される」ものとして受動態となるわけです。河合先生が問題にしている女性像というのは、そのような男性的な二項対立構造に収まらずにそこから排除されてしまう位相、より正確に言うならば、二項対立構造が成立する際、そこに決定的に関与するものでありながら、その構造が成立した際にはそこから逃れ出てしまうような位相を指しているわけです。私は、今お話ししたような「女性」のあり方が「中動態」ととてもよく似ていると思っています。つまり、「男性／女性」という二項対立の対は「能動態／受動態」という対と重なっており、この対から排除されたものが河合先生の言う「女性」であり、また「中動態」だということです。

　河合隼雄先生は、『鶴の恩返し』などの昔話にみられる「消え去る女性」を重視しておられました。男性の世界に貴重なものを贈与してくれていた鶴（女性）ですが、男性が「見るなの禁」を破って女性の正体（鶴）を見る、すなわち、意識しようとすると女性（鶴）は消え去ってしまうわけです。この「消え去る女性」というのは、私の中では「消え去る中動態」と重なっているんですね。これは、単に両者が消え去ったということが似ているからそう思うというだけではなく、本質として両者はその性質を同じくしていると私は考えています。

　河合先生はなんとか、「消え去った女性」が「意志」をもって再び男性の世界に立ち戻らないかということを模索しておられました。ここで、こ

の女性が単純に「意志」をもつ者として立ち返ると、それは能動的な男性になってしまうわけです。かといって、「意志」をもたないまま立ち返ろうとすると「男性／女性」という男性的な二項対立構造の中での「女性」に収まってしまうか、そこから排除されてしまいます。いずれにせよ、その構造からはみ出す「真の女性」という位相が消え去ってしまう。河合隼雄先生が模索しておられたのは、「男性／女性」という男性的な二項対立構造の中に立ち戻りながら、本来そこからはみ出す「真の女性」的な位相を保持しているあり方だったと思うわけです。これは、矛盾含みで一筋縄ではいかない「女性」のあり方です。しかし、河合先生はそのような女性を「意志する女性」として考えようとしていたのだと思います。

　國分先生が話されたスピノザに関して、とても興味深かったのは、彼が意識と良心を区別しないにもかかわらず、自然権をもつものとして自律した個人というものも考えていたところです。簡単には折り合わないこの二つの側面を合わせもつ個人というのは、ロックが考えた個人とは相当に異なったあり方をしている個人になると思いますが、そのようなスピノザの考えと、河合隼雄先生が提唱された、普通に考えるとやはり折り合いのつきにくい「意志する女性」とは重要な共通点があるように思えるんです。私が思うに、その共通点の一つの側面は中動態的ということなのですが、このような連想に関して國分先生から何かご示唆をいただければというのが一点です。

　さらにもう一点、お伺いしたいことがあります。スピノザが考えた「個人」と河合隼雄先生の「意志する女性」はとても似ているのではないかということを申し上げましたが、その両者は裏表というか、方向性は逆向きだと思うんです。國分先生も『中動態の世界』の中でこのような表現をしていたかと記憶するのですが、中動態というのはヨーロッパにおいてある種、革命が起こったかのように抑圧・排除されて表舞台からは消えていったという経緯があります。この流れに対して、先ほどから話をしていたスピノザの考えは、むしろそのような中動態に近いものがあり、近代的な個人というものを認めつつ、そこに中動態的なものを復権、あるいは保持しようとしていたと言えるのではないかと思いました。一方、河合隼雄先生

が女性像で示されるとした日本人の
自我のあり方は、さっきの例えで言
えば、革命を経ずに中動態的な性質
が温存されているあり方だとも言え
るかと思います。そのような女性像
で示される日本的自我に対して、河
合先生が提示した「意志する女性」
とは、中動態的なあり方を保ったま
ま、そこに能動的な意志をいかに入
れ込むか、能動的な意志をもつのだ
が、それによって男性になることな
く、中動態的な女性性を保つような

女性像を模索していくということだと思います。

　つまり、ヨーロッパにおけるスピノザがした仕事と、日本において河合
隼雄先生がされてきた仕事は、それぞれの文化がもっている特徴ゆえに、
共に非常に重要なものだと思うのですが、そのベクトルが逆方向になって
いるように感じるわけです。

　國分先生が今日お話しされた内容は、17世紀という「インフラの時代」
における西洋哲学の動向だったと思いますが、そのような先生のご専門の
研究から、日本のあり方というものを照らすとどのようなことが浮かび上
がってくるのかを教えていただきたいなと感じました。

心理療法、精神分析などとの対応

　河合　私もお話を伺って本当に面白かったんですけれども、「個人」に
関して、憲法改正の時に「個人」という言葉を外してはいけない、これだ
けの歴史があるのだ、ということを言われたのが非常に印象的でした。つ
まり、我々も一応は西洋でできた心理学、心理療法を学び、日本で実践し
ているわけですが、「意識」という言葉を使う際に、これだけのバックグ
ラウンドがあることを知っておくのは大事ではないかと思いました。今日
初めてこういうことを知った人は割と多いと思います。また、同時に、先

ほどの川嵜先生と同じように、「日本の場合はどうなの？　意識の歴史的
背景は本当にグローバルに通用するの？」とも思いました。

　ロックとスピノザの対比が面白くて、簡単に言うと、ロックは「社会」
から「個人」へという方向で、なおかつ「意識」が非常に抽象化されてし
まっています。それに対して、スピノザの「意識」の生まれてくるところ
は、「道徳」「良心」と言うけれども、結局のところは快・不快で、かなり
違うなと思いました。

　けれども、心理学から見ると、どっちにも対応するものがあるように思
いました。つまり、精神分析の理論によると、快の感情と不快な感情の区
別から「意識」は生まれるとされている。もう少し言うと、快・不快とい
うのは、赤ちゃんが最初に感じる「喜び」と「悲しい」なんだろうけれど
も、これが「意識」が生まれてくる時に非常に大事だということです。ま
た、10歳ぐらいで「自意識」というのができるのですが、いわゆる自我体
験と呼ばれるものがあり、自分を遠くから見ている、極端な場合には、は
るか高いところから自分自身を見下ろしている、といったことが生じてき
ます。これは、非常に抽象的な意識です。

　ですから、心理学から「意識」がどうやってできてくるかを考えると、
その両方ともがあると言えます。その中で、スピノザの言う快・不快のほ
うが根源的というか、発達的にも早期のものになるのではないか、という
ことを思いながら聴いていました。

　ともかくスピノザは快・不快もそうですし、欲望ということを大事にし
ていたり、葛藤のことを描いているなというところがあったり、びっくり
するほど精神分析的なところがありますね。フロイトは、ある意味、スピ
ノザの言っていることを現代の心理学的な言い方に変えただけじゃないか
と考えられるぐらいで、見事だと思います。それは、スピノザ自体の面白
さというか、最後に國分先生が言われたように、具体的に人間を捉えよう
と努力した結果だと思います。そうした努力の中で、彼の哲学思想という
のは生まれてきた。だから、八方破れかもしれないけれども、意外に現代
にも通用してしまうところがあるのではないでしょうか。非常に精神分析
的で心理療法的だなと思いました。

　結局、現代の心理療法も精神分析的も、「個人」なくしては成立しません。「個人」の意識というものがあってこその学問であり治療なのだというところがとても特徴的です。どういうことかというと、──この表現はすごく印象的で好きだったんですけれども──國分先生は「個人が包まれている存在ではなくなった」ということを言われたと思います。社会に包まれているというか、何かに包まれている存在ではなくなった。そうなった時に、個人が自立することで、やはりセラピーというものが必要になってくる。コミュニティの中にいれば、その中にはいろんな装置があるので、そういうものは必要ではありません。包まれなくなったからこそ、初めて個人に対する心理療法、心理学のようなものの必然性が出てくるのだと思いました。

　また、スピノザは非常に精神分析的ですが、ユングとの接点もあると思われました。ユングは「個人」が包まれているもののイメージ、観念を「無意識」として捉えたところがあります。だから、今日はあまりお話しされなかったのですが、スピノザの「神」とか「自然」の理解というのはとても面白くて、それは「自然権」とか「個人」なんだけれども、同時に世界に広がっているというか、宇宙に広がっているというか、そういうところは非常にユング的に読めるなと思いました。だから、スピノザの感情論や意識論を見ていると、非常に精神分析に近いけれども、「神」や「自然」の部分を見ていくと、非常にユングと通じる。そして、もう少し言うと、川嵜先生の質問にも関係するのですが、日本人のあり方を考えた時に、そういう自然への広がりというところでは、仏教的な世界観にも結構近いのではないか、ということも思いながら聴いていました。

　このような心理学と対応させての読みというのは、「いや、それはおかしいよ」ということなのか、それとも、ある程度そういう読みができるものなのか、そういったこともお聞きできればと思いました。

中動態について

　國分　ありがとうございます。川嵜先生と河合先生から興味深いコメントをいただきました。三つか四つの論点でお答えしていきたいと思います。

　まず中動態について、川嵜先生に言及していただきました。『中動態の世界』の中で、最も強調したことは、中動態とは、英語で middle voice ですけれども、実は中間的なものではないということです。つまり、能動と受動の間にあるわけではない。それがこの本の中で一番強調した点です。間にあるわけではなくて、そもそも能動対受動という対立が無かったのです。何かをする／されるという対立で、人間の行為を捉えようとする見方自体が歴史的に形成されたものであり、実は、それ以前には、自分がすることが外側で完結するか、自分がそのある出来事の場所となっているかという区別が動詞の根本にありました。中動態というのは、自分が、ある動作が起こることの場所になっている際に用いられます。

　例えば、「惚れる」という言い方が日本語にありますけれども、惚れる時というのは、べつに能動でも受動でもないわけです。つまり、僕が惚れているのだから能動でもある。でも、引きつけられているという点では受動です。要するに、能動・受動だと、惚れるとか誰かを好きになるという日常生活でよく起こるありふれたことすら記述できない。いかに不便な言語かということですよね。

　それにもかかわらず、能動・受動というのが、ここまで僕らの考え方を支配しているのは、いろいろな理由があると思いますので、なぜかということは言えません。しかしロックとスピノザの対比という先ほどの話は、僕の頭の中では、今の話にほぼ重なっています。

　つまり、ジョン・ロックのような人は、責任をとる個人のようなものを前提としていて、能動・受動で考えている。それに対しスピノザは、間違いなく中動態で考えていると思います。彼の本の言葉づかいもそうで、キーとなる表現として、「変状する」を意味するラテン語の「afficitur」という動詞が出てくるんですが、これは中動態として理解しないと意味がわからなくなる言い回しです。べつに難しいことではないんです。自分の中でもいろんな感情が常に連続的に変化しているし、外からも影響があってその影響のもとでまた感情は変化し続ける。それをスピノザは「変状する」という言い方で説明しようとしている。人間はつまり、感情が変化し続ける場のようなものです。

afficitur は英語にすると "He is affected" となってしまい、受動態でしか翻訳できません。ですから、英語では中動態的な表現が全然翻訳できません。これが能動／受動の対立に支配されてしまった言語の限界です。日本語はこの点では便利です。「変状する」という自動詞表現が簡単に使えるからです。これが一つ目です。ロックとスピノザの差異は、能動／受動の人と、能動／中動の人の差異として理解することができます。

能動・受動の世界の中にいる苦しさ

國分 次に、川﨑先生からいただいた、日本というトポスの問題についてですが、僕自身もずっとこのことを考えてきました。そして、それと同時に、日本を語ることの難しさというのも、僕はすごく考えてきたつもりです。

僕は西洋哲学を一つの自分の拠点にしています。西洋哲学をやっている人が、その限界に突き当たった時に、「東洋」とか日本といったトポスにポーンと飛んでいってしまうことがよくあります。僕はそれはすごく陳腐なことだと思ってきました。

だから僕はとにかく西洋から歩きだして東洋まで来るという方法でやってきました。『中動態の世界』にしても、「古代ギリシアは西洋の起源みたいに思われているけれど、ギリシアそのものをよく見てみると全然西洋じゃないよ」というスタンスに貫かれています。乱暴な話かもしれませんが、ギリシア語を勉強してみると、意志の概念がないから、どっちかというとインドに近い。ギリシアとインドって、とても近いじゃないですか。お互いに影響し合っていますね。

日本特殊論という考え方のパターンがあります。実際、ラカンが言っていたように、漢字仮名交用という日本語の表記システムは特殊かもしれない。でも、僕はこの点も全然違う方向から見られると思っています。

西洋は言語・思想上の革命が起こって能動・受動の考え方へ移行し、その中でジョン・ロックのような人がスーパースターになって、この対立が当たり前の社会ができた。「個人」の概念の重要性はいくら強調しても強調し足りないほどですが、それが非常に苦しいものであることも間違い

ない。それに閉じ込められた人間が
きつい思いをしている。

　日本は、逆にそういう革命を経て
いないがゆえに、そのきつさから自
由なところがあります。それは利点
かもしれない。

　ラカンが言っていることはもしか
したら、非常に苦しい規範を押しつ
けられた能動／受動の世界の中で生
き延びなければならない人間たちに
向けられた精神分析は、日本に生き
る人々には適用できないかもしれな
いということではないでしょうか。

　僕はフランスに留学していました。全然学問的ではない印象論ですけれ
ども、男の友達と仲良くなると、「功一郎、フランスでは、男の子が小さ
い時から大きくなるまで本当に大変なんだ。本当につらいんだ」と本気な
顔をして言うんですよね。理性の国、フランスというのは、この能動・受
動の世界の一つの典型なのかもしれません。ミシェル・フーコー（Michel
Foucault）という哲学者が、フランスの中にいながら、近代の抑圧的体制
をさまざまな仕方で分析していった背景には、このカトリック国、理性の
国の生きづらさが関係しているのではないかとすら思っています。

　フランスは、日本のポップカルチャー、オタク文化が大好きですが、あ
れは、「子どものままでいいよ」と言ってくれるからだと思うんです。オ
タクカルチャーは、「大人になってからもアニメが好きで何がいけない
の？」と言ってくれる。それに、ものすごく解放感を覚えたフランスの人
たちがいたんですね。

　僕は、そういうことを考えながら、河合隼雄先生による『鶴の恩返し』
の解釈を伺っていました。

　僕だったら能動／受動の対立の外側というふうに考えますね。能動／受
動の対立の外側をやはり考える必要があって、能動／受動の対立は、決し

て当たり前のものではないということを強調しておきたいと思います。

心理学とスピノザの接点

　國分　河合先生から、「個人」という言葉の背後にある重みと、同じように「意識」という言葉の背後にある重みというご指摘をいただきました。そんなふうに受け取っていただけたのはすごくうれしいです。

　講演中は言い忘れてしまったのですが、例えば、ミツバチを研究している生物学者の前にミツバチがいるようには、意識のことを研究している学者の前に意識というものが存在しているとは言えないんです。意識というもの自体が、歴史的に、ある言葉を通じて、概念としてつくり上げられたものだからです。

　実際、意識が何なのかは今もわかっていません。スピノザの説はかなり真理を言い当てているように思いますけれども、他にもいろいろな説があるし、答えは出ていない。最近の脳神経科学、あるいは脳神経科学に強い影響を受けた哲学が言っている意識の概念が正しいのかどうかも全然わからない。ただ一つ言えるのは、意識はある時につくられた概念であり、それを超歴史的な対象として扱うことはできないということです。

　また、河合先生のお話は、いわば赤ちゃんとして生まれた時には人間はスピノザであるが、だんだんロックになっていくというような、17世紀以降の社会の歴史と人間の発達史が、ある種重なるというお話としてお聴きしました。そういう面は間違いなくあると思います。

　だから、精神分析は「個人」がないと成立しないということでしたけれども、その「個人」が「社会」に包まれている存在でなくなった時にセラピーが必要になるというのは、非常に重たい言葉だなと思いますし、たぶん近代というのは、個人の権利のために、そういう包み込む作用、包摂する作用というのを放り投げてきたんですよね。そういう面は間違いなくあります。それは、すごく簡単に言うと、田舎が嫌で都会に出てくるようなものです。でも、社会による包摂がまったく無くなってしまった時に人間は何か苦しさを感じる。だから、両面を見ていく必要が絶対にあります。

　また、ユングとスピノザの接点ですが、ユング的な人間を包み込む無意

識というのは、確かにスピノザの神の概念に近いところがあるかもしれません。これは非常に興味深い指摘です。河合先生、ありがとうございます。

　スピノザによれば、とにかく神というものしか存在していない。神とは、この場合、自然そのもののことです。我々はその中に包み込まれて、その一部として存在している。これがスピノザの神の概念です。

　宇宙そのものが一つの実体として存在している。その中で、例えば、一人の人間が生まれたり、またそれが塵になっていったりを繰り返している。このイメージは、実はユング的かもしれません。この点はまた改めて考えてみたいと思います。

　また、これは本では書かなかったことですが、スピノザの考えはやや個人主義的過ぎるところがあると思っています。この社会の中で何とかして一人で生きていくというイメージが強い。個人を包み込んでいるものを無意識として捉えるというユング的無意識、フロイトとは全然異なるこの無意識のあり方は、もしかしたら、最終的に神との関係の中で生きることを目指す『エチカ』の思想と共鳴し、このやや過剰なスピノザの個人主義を乗り越えるヒントを与えてくれるかもしれません。すると、もしかしたらスピノザ的セラピーのようなものもありえるかもしれない。

　長くなりましたが、応答をとりあえず終えたいと思います。

　河合　ありがとうございます。講演はもちろん素晴らしかったのですが、こうやって自由にしゃべっていただくと、すごく楽しくていつまでも聞き入っていたいものがありました。

　國分　ありがとうございます（笑）。

　河合　関西の人間からすると、ときどき江戸落語的な感じになるのも楽しいかなと（笑）。川嵜先生、いかがですか。

　川嵜　はい、中動態についてもいろいろとお話しいただいて、その視点からもロックとスピノザの違いが浮き彫りになっていって、たいへん興味深く、有意義でした。私の中では、そのこともつながるのですが、先ほど河合先生が指摘しておられた、スピノザにとっての「神」という概念がユングの考えと接点をもつのではないかという視点は、なるほどと感じました。私が國分先生の本を最初に読んだのは、すみません、タイトルを失念

してしまいましたが、たしか先生が最初に出版された書籍です。

　國分　『スピノザの方法』（2011年、みすず書房）です。そんな本まで、ありがとうございます。

　川嵜　あ、そうでした。私にとっては難解な書物でしたが、スピノザがデカルトを読解するという内容のその本の中で、デカルトの神の存在証明に対して、スピノザが神はいかなるものとしてあるのかを描こうとしていたことが論じられていたかと思います。それを読んだ時にやはり、スピノザの考える神の観念というものが、どこか仏教的な世界観にとても親和的だなぁという印象をもった記憶があります。スピノザの専門家である國分先生は、仏教というものをどのように見ておられるのか関心があります。ちょっと近道過ぎるということは言われていましたが……。

　國分　そうなんです。仏教の考えは伝わっていただろうと思いますが、それに実際に影響を受けたというよりも、人間が突き詰めて考えていくと到達するパターンの一つがそこにあるのではないでしょうか。仏教の「縁」のような考え方は、スピノザにもライプニッツにも見いだせます。それは、直接の影響関係とは少し違ったものだろうと思います。

　川嵜　なるほど、各々の到達するパターンはある意味集約していくけれども、そこに至るまでのプロセスは違うし、その違いこそが重要なんでしょうね。

ヨーロッパにおける思想「革命」の必然性

　川嵜　そのプロセスに関して、もちろんスピノザはヨーロッパの伝統という文脈の中で思考していったわけですが、そのヨーロッパの思想をある面では規定する言語構造の変化に関して、『中動態の世界』を読んでからいつか國分先生にお聞きしたいなと思っていたことがあります。ご著書の中で、先生は、西洋においてはある意味「革命」が起こって、「中動態」というものが抑圧されていったと書かれていたと思います。それ以降、能動態と受動態の対が表舞台を席巻していくことになる。時代はずれますが、この「革命」による変化は、ロック以前とロック以後の変化とパラレルな印象がするということは、すでに申し上げました。「責任」とか「意志」

などを伴う「個人」に能動態は密接に絡んでいると思うからです。ロック
が提唱した、このような近代的な個人という概念が西洋においてのみ現れ
てくるのは、一つにはキリスト教の存在が大きいと思いますが、また、中
動態が排除されたという経緯もかなり大きな遠因となっているのではない
かという印象をもっています。

　そこで、國分先生にお聞きしたいのは、なぜヨーロッパにおいて、能動
態／中動態の対が抑圧されて、能動態／受動態の対に変化していったのか
ということです。それこそ、スピノザが示すように無数の原因が絡んでい
て、これが原因だというようなことではないのだとは思いますが、何らか
の必然性がそこにはあったのでしょうか？

　國分　これは非常に巨大な問いですので、もちろん一言では言えません
が、やはりこの社会の大規模化と、それに伴う権力の効率化というのが最
大の原因だと僕は思いますね。

　つまり、社会が大規模化すると、それを統制するために権力は効率的な
ものにならなければならない。そうすると、かつてのような権力の行使の
仕方ではダメで、個人を特定するようなものになっていくし、個人に対す
る規律も非常に強まっていく。これは、先ほど名前を挙げた、まさしくミ
シェル・フーコーが言ったことですけれども、それはまず間違いなくある
のではないかと思います。

　人類史を眺めると、人間の集団は新石器時代に入ってどんどん大規模化
していくわけです。それは、雑な図式かもしれないですけれども、権力の
効率化というものが、どんどん、人間社会をつらい方向に向かわせていっ
たということは一つ言えるかなと思っています。

　河合　そうですね。先ほど、國分先生がギリシアのことを言われたのが
すごく印象的で、我々が思っているヨーロッパというのは基本的にアング
ロサクソンですよね。

　例えば、オンライン参加している私の Zoom 画面の背景に見えるイタリ
アの南のほうなんて、どこに規律があるんだという感じで、信号も守らな
いし、一方通行も逆に走るというような感じで、みんな自由、勝手にして
います（笑）。「個人」なんて存在しませんし、人との関係も全然違います。

やはりヨーロッパといっても厚みと広がりがあって、例えばユーロ経済圏なんかも非常に窮屈なものですし、逆に、南ヨーロッパや東ヨーロッパのいわゆるヨーロッパ周辺部の人がグローバル化して非常に苦しんでいるところはあると思います。

　國分　そうですね。イタリアとかスペインとかも何かちょっと違いますし、東欧も違います。いわゆるヨーロッパの近代的個人というのは、本当はヨーロッパの一部の理想じゃないのかという疑問をもちます。ただ、理念型としては、ものすごく強力につくり上げたので、広く広まった。しかも、責任ある個人がいてくれたほうが統治に便利な面もあるでしょう。

　河合　その統治ということを考えると、伝統的にあった「自然権」のような考え方は、国家権力が強まるにつれて無くなっていくのか、どうなっていくのだろうと思います。そういう意味では、スピノザの言う「自然権」というのはとても面白いなとは思いますけどね。

　國分　そうですね。スピノザは、とにかく政治においても「べき論」だけではなくて、社会の生態の分析を怠りません。そういう意味で、ホッブズ（Thomas Hobbes）、ロック、ルソーなどとは全然構えが違っていて、ある種の社会学者的な面がある。僕なんかはそこがすごく面白いなと思うところです。

自分の本性を大事にする

　河合　スピノザについてもう一つ聞きたいのですが、スピノザで印象的だったのが、例えば、賢者と意識のところで、「自己、神、及び、物、ある永遠の必然性によって決して存在することはやめず」など、存在することをやめないとか、ずっと持続するというような方向性が非常に強いと思ったのですが、その辺りについては、國分先生はどう思われていますか。

　國分　今引用していただいた箇所は、わりと謎めいた言葉のところですね。スピノザという人は、生前すごく嫌な思いをしているんです。『神学政治論』という本を出して、すごく叩かれて、当時のデカルト主義者などに悪口を言われて、手紙などでもスピノザはすごく怒っているんです。『エチカ』が完成した時も、出版しようと思って、アムステルダムに行く

んですが、「いやあ、ちょっとスピノザ先生の本は勘弁してください」とことわられて、死後に出版されたんです。スピノザはそういう迫害というものをすごく意識した人生を送った人です。

　河合先生が言及して下さったのは『エチカ』の一番終わりの第五部定理42備考、「無知者は、外部の諸原因からさまざまな仕方で揺り動かされて決して精神の真の満足を享有しないばかりでなく、その上自己・神および物をほとんど意識せずに生活し、そして彼は働きを受けることをやめるや否や同時にまた存在することをもやめる」という一節です。これを読むと僕はいつも SNS の「炎上」を思い出す（笑）。SNS で炎上すると、見たこともないアカウントが、うわーっと押し寄せてきて、事情も知らないくせに好き勝手なことを言ってくるわけですよね。でも、1週間ぐらい経ったら、ヒューッと「存在することをやめる」んですよ（笑）。

　それに対して、「賢者」と彼が呼ぶものについては、「決して存在することをやめず」と言っています。この「存在する」は、自分がもっている本性というものを大事にできて、自分がもっている本性というものに正直に、「生きさせられている」のではなくて「生きている」というような意味が込められていると思います。本性を大事にできていることを、スピノザは、もしかしたら「存在している」という非常に強い言い方で表したのかなという感じがします。

　外からネタが投入された時だけ生き生きと人を罵倒するような人間は、自分の本性を大事にして生きているというよりは、何かのネタによって生きさせられている状態ではないでしょうか。能動と受動の対立における受動のような。

　自分の本性を大事にするというのはスピノザ哲学の核心です。自分の本性がいろいろな影響を受ける。そして、その影響との交流の中で、自分が行為する。まさしく中動態的なイメージです。「俺がやるぞ」というような能動ではない。スピノザは自由という言葉も、この本性の必然性に沿って生きることだと定義しています。自由は単に束縛がないことではありません。自分がどんな本性をもっているのか、それを十分に理解することが自由への道なんです。

　　河合　ありがとうございます。よくイメージがつかめたと思います。川嵜先生、もし何かあれば、最後にどうですか。

　　川嵜　今お話しされていた、自分の本性が他のさまざまな影響と交流し合いながら生きていく。その場合、これが自分の本性だということは、どこでわかるんでしょうか。スピノザの考える「意識」は「良心」と区別しない意識だったと思いますが、そのような「意識」によって自分の本性というものが把握できるということなのでしょうか？　「認識」と「意識」の違いということが関連してくることなのかもしれませんが。

　　國分　認識と意識の関係は、非常に難しい問題です。意識というのは、認識のうちのある一部ですね。認識のほうが広くて、その中に意識がある。自分が何かを知っているということを自分で知っている時に、意識と言います。リフレクシヴということですね。ということは、出発点には認識（「知っている」）があるわけで、認識のほうがカバーする範囲は広い。どうやって本性を大事にしている・大事にしていない、力を発揮している・発揮していない、などと認識できるんだろうか、意識できるんだろうかと

いうのは、スピノザを理解する上での重要なポイントで、その点は『はじめてのスピノザ』（2020年、講談社現代新書）という本の中で割とわかりやすく説明しました。

　スピノザは、パブリックにエビデンスをもって示す仕方では考えていません。ここが、現代の科学的な思考に慣れた我々との大きな違いです。確かに、誰かが本性に従って生きているのかどうかは客観的には示せない。しかし、本性に従っているとか、本性を無視しているという事態は確実に存在していますよね。スピノザはそこに目を向けているんです。僕はこのことを、スピノザの哲学は我々とは OS が違うと説明しました。スピノザの哲学は最初の段階ではよくわからない。それは、Mac に Windows のアプリを入れようとしているようなものだからです。我々の思考の OS は現代科学の思考法に完全に規定されています。その OS の違いに気づいて、自分の OS をうまく書き換えていけると、スピノザは途端に読みやすくなります。

　川嵜　本性というものを考える時、スピノザがエビデンスをもってそれを示せるかどうかをまったく気にしていないというのは素晴らしくいいなぁと思いました。それは、スピノザのパーソナリティがそういう人だったということではなく、彼の思想した「本性」ということの特徴から必然的に現れ出てくるものだということですね。ユング派の人は勇気づけられると思います（笑）。

　河合　ありがとうございました。残念ながら、時間が来てしまいましたので、これでシンポジウムを終わりたいと思います。國分先生、今日は、非常に刺激的な、そして熱のこもったご講演をありがとうございました。そして、討論の時も、本当に生き生きとした答えを与えていただいて、我々にとってもすごく刺激になったと思います。本当に、どうもありがとうございました。

　國分　ありがとうございました。

河合俊雄（かわい・としお）……………………………………………………………………
1957年生まれ。京都大学大学院教育学研究科博士後期課程中退。Ph.D.（チューリッヒ大学）。ユング派分析家、臨床心理士、公認心理師。現在、京都大学名誉教授、京都こころ研究所代表理事。専攻は臨床心理学。著書に『ユング』『村上春樹の「物語」』『心理療法家がみた日本のこころ』『夢とこころの古層』（いずれも単著）『発達障害への心理療法的アプローチ』『ユング派心理療法』（いずれも編著）、訳書に『赤の書』『分析心理学セミナー1925』（いずれも監訳）などがある。

川嵜克哲（かわさき・よしあき）………………………………………………………………
1959年生まれ。京都大学大学院教育学研究科博士後期課程満期退学。臨床心理士。現在、学習院大学文学部教授。専攻は臨床心理学。著書に『風景構成法の文法と解釈』『夢の分析』『夢の読み方　夢の文法』（いずれも単著）『風景構成法の事例と展開』（共編著）『セラピストは夢をどうとらえるか』（編著）などがある。

特別寄稿

意識の発明と無意識の発明、個人と共同性の道程
國分功一郎氏の講演への応答として

猪 股 　 剛

帝塚山学院大学

　2023年6月3日に行われた國分功一郎氏の講演「17世紀における意識の概念の発明」に対するユング心理学からの一つの応答として、この寄稿文は構想されている。

　本書に掲載されている記録を読んでいただければわかるように、國分氏の講演は、意識概念の発明を主軸に据えて論じられており、その内容は心理学と深く関わるたいへん刺激的なものであった。社会の中に個人が包摂されているロック以前の段階と、社会と峻別される個人を構想したロック以降の段階とを、良心概念から意識概念への歴史的な展開、哲学・法学的な展開として跡づけて整理されたのは、とてもわかりやすく了解できるものであった。そして、良心概念の時代と意識概念の時代を、つまり近代以前と近代以降を、つなぐものあるいは両立するものとして、スピノザの思想が考えられたところは、非常に興味深く、それはまさしくユングの関心とも通じるものであるように思われた。しかし残念ながら、スピノザの思想が、ロックの前後、すなわち、人間の集合的な状態と個別の状態を、どのようにつなぐ可能性をもっているのかという点については、講演の中で詳述されることはなかった。だが、まさしくこの「社会」と「個人」というテーマ、つまり心理学的には「集合」と「個別」というテーマと、この両者の区別を失うことなく統合するというテーマは、ユング心理学の根幹に関わるものであるため、本論では、それを議論の中心において國分氏の講演と対話してみたいと思う。

個人の成立

　国家に先立つ個人の権利や所有権を規定するために、17世紀以前において良心（conscience）と呼ばれていたものが、ジョン・ロックを中心とした思想家たちによって、意識（consciousness）へと読み替えられていく必要があったのは、先ほども記したように、國分氏の解説によってよく理解できた。社会に包摂されている人間の状態では、個人の権利を社会や国家に優先させて規定することができず、個人とその権利を法的に定立するために、それまで社会性によって規定されていた良心を、個人の土台にあり、個人を規定する意識へと読み替え、それによって、社会や国家に先行する個人を定義することができるようにしたわけである。

　しかし、なぜそれ以外の別の概念ではなく、「良心」という概念が選ばれ、それが変更される必要があったのだろうか。そして、なぜ個人を規定するために、「意識」がその根底に据えられる必要があったのだろうか。この点は、まさしく心理学の本質とも関わるものだと思われるが、この「良心」もしくは「意識」の語源となっているラテン語の conscientia は、英語に翻訳すれば「common knowledge（共同の知）」といった意味をもっているという。

　そもそも人間は何も存在しない世界に誕生してくるのではなく、その始まりから社会と歴史の中に生まれてくる。つまり、人間は、共同の知という土台の中に生まれてくる。生物としては個別に生まれてくるように見えても、知性を備えた存在としての人間は、この知の集積の外側に生まれることはない。そのため、その知から独立して存在する者はおらず、あらゆる者が conscientia を携え、つまりは共同の知としての「良心（conscience）」を備えていると考えられていたわけである。少し表現の仕方を変えれば、人間はいつも必ず、家族や親類や部族や村落共同体といった共同性の中に生まれ落ちるのであり、そこから独立して存在する者などいなかったのである。生まれてすぐに自立することのない人間の誕生形態がそれを規定しているのかもしれないが、いずれにしても、良心と呼ばれるものは、そのような人間の共同体が備えた共同の知であり、「道徳」や「倫理」と呼ばれるものにも広がりながら、人が人と共に生きていく際の知の集積として、

共同的に受け継がれてきたのである。つまり、17世紀以前の人間は、決して一人で存在することはなく、必ず共同性の中に生きていたことになり、良心と呼ばれる共同の知と、意識と呼ばれる〈私〉の自覚が違和感なく一致しており、切り離されることはなかったのである。「集合的なもの」と「個別的なもの」は、別々のものとして認識されてはいなかったとも言えるだろう。近代以前には、生物としての個は存在していても、哲学や心理学でいうところの「個人」は存在しなかったわけである。

　そこから、個人を規定しようとするなら、まさしくこの共同の知と呼ばれるものを破壊する必要が出てくる。共同体が備えた共同の知を破壊して、個人が知をみずから個別に獲得していくという世界観を描かなくてはならない。つまり、ロックによって行われたことは、良心と意識という言葉を分離したことというよりも、良心概念を破壊して意識概念に置き換え、共同体から独立した個人が自己創造的に生み出されるようにすることだったに違いない。

　さて、良心から意識への歴史的転換をこのように理解することが許されるならば、この転換はまさしく「啓蒙」であったとも言えるだろう。それまで、盲目的に共同体的な集団の知の中にいた人間が、集団の外に出て、個人や人権や自由を見いだしていく可能性が開かれたのである。ユング心理学の文脈に引きつけて言えば、宗教的世界から人間が生まれ落ちたことだとも言えるであろう。また、神秘的融即という万物が一体であるアニミズム世界から個人が生まれる革命的な展開であったとも言えるだろう。このような啓蒙によって個人が生まれ、ようやく人は、近代的な意味での自由を知ることになり、その生まれや地位や役割や種族や人種によって規定されることのない自由な世界に生きることができるようになった。

　しかし、國分氏が指摘しているように、ここで「想定されているのは、抽象的な個人であり、したがって、独立した、あるいは孤立した個人」である。そのような個人には、「主体性が見いだされることになる」けれども、その「個人は社会とのつながりを断たれた、一人で選択して一人で決断を下す存在として想定されることになる」。まさしく抽象的な個人像である。人間は、みずからを自然状態から抽象することによって、自由を獲

得したのであるが、それによって「孤立し」、「つながりを断たれ」、具体的な地盤をもたない抽象の存在になったのである。

　このロック以降の近代的な人間の状態を課題としてとらえているからこそ、國分氏はスピノザの思想に注目し、良心と意識が区別される前の人間の具体的な状態を考える必要を感じたのだろう。そして、この区別以前にありながらも、個人の権利を認められる可能性をスピノザ思想の中に探し、良心と意識が区別されず、集団と個人がつながっていながらも、同時に自然権を認め、この両立するはずのない二つのものが両立する可能性をスピノザに見いだそうとしているのだろう。それは、とても魅力的な可能性であると思われる。ただ、先ほども指摘したように、その点を國分氏は今回の講演で明示することはなかった。

個人と力による制御

　ここで、私たちはユング心理学に立ち戻ることになる。なぜなら、スピノザや國分氏と同様の関心を、ユングの思想に見いだすことになるからである。ユングも、近代以降の人間の姿の孤立や、思考作用に偏った抽象的な人間像に気づいていた。それは、ユングから見ると意識と自我を中心として形づくられた世界観であり、世界を具体性から抽象することであり、その時人間は万物の多様性と共にある自然状態から上昇し、私という個人の視点からあらゆるものをとらえようとしていると考えられた。多様なものがすべて受け入れられていた充実したアニマ的な世界から、意志や決断や個別を主としたアニムス的な世界へ移行したとも言えるだろう。それは、意識や自我という一点を中心に据えた心の姿勢から生まれたものであり、まさしく良心に意識が取って代わることで成立したのである。ユングが生きた19世紀後半から20世紀半ばの時代は、ロックやスピノザの17世紀から200年が経過した後の時代である。ロックから始まり、人権を獲得すべく抽象され理想とされた人間像が、ユングの時代には、すでにごく当たり前の一般的な人間の姿として、現実態になっていた。共同性を土台とし、良心と意識に差異を見いだすことなく生きられていた中世の集合的で共同体的な状態はすでに遠い過去となり、心理学的に個人が成立し、意識による

世界の支配が完成していた。歴史的な時代の変遷を見ても、人間は18、19世紀を通じて、地域共同体をはるかに超え出て、世界を航海し、科学と武力を行使して未知の世界を征服し、自然を開拓し制御し、力のある人間が力のない人間を支配するようになっていく。このような支配関係は、共同性の中にいた人間が、その生まれもった自然の役割の分担に甘んじていた状態とは異なり、力によって変更可能な暴力的な関係性であり、それが自立した人間のあり方として承認されていったのである。近代以前の支配関係は、シャーマニズムや宗教的な世界観によって自然に支えられていたものであったが、近代以降の支配関係は、そうした信仰を土台とした共同性を廃して個人を基礎とするため、必然的に人間の力による支配となっていった。良心を意識へと置き換えて、人権を獲得した人間は、自分の意識の力によって、世界も人間も支配する高みへと達することになる。意識による抽象の力は、人間を神の視点にまで高めたとも言えるだろう。

　そのように意識が玉座についた時代に、深層心理学は誕生する。例えば、19世紀後半のヴィクトリア朝時代には、産業革命からの発展と支配が成熟期に達し、外界の支配が一定程度完成する。そうすると、支配は外界に対するものに留まらず、とうとう人間の内界へと向かうようになり、人間の基本的な欲求の一つである性的な関心さえも制御し支配しようとする志向が強くなっていった。そこに誕生してきたのが、いわゆるフロイトの精神分析である。16世紀以降、200年にわたってさまざまなものを抽象し支配してきた人間が、ヴィクトリア朝時代にはとうとうみずからの性愛までも「上品さ」や「美しさ」によって支配しようとしたのであるが、それが簡単にはうまくいかずに、意識がバランスを失い、つまりは、神経症が誕生することになった。フロイトは、この神経症を抑圧というメカニズムで理解し、治療に臨んでいく。その際フロイトは、それまでの意識による支配を、いきすぎたものととらえるのではなく、むしろその支配を先鋭化する方法をとる。意識は、とうとう性愛までも制御しようとしたのではあるが、それが神経症として現れているということは、性愛が意識による制御に対して反乱を起こし、そのために意識が思うままに行動することができなくなっていると考えた。それが制御の失敗としての抑圧であり、つまりは性

愛は無意識化され閉じ込められていると考えられたわけである。この抑圧では、性愛を無意識という牢獄に閉じ込めただけであり、閉じ込めるという方策では、真の支配は成立しない。人は牢獄からの叫び声に悩まされたり、牢獄から脱走されるのを心配したり、新しく生まれてくる性愛的な欲望をくり返し牢獄に閉じ込めたりしなくてはならない。フロイトは、真の支配とは性愛を牢獄に閉じ込めることではなく、解放した上で制御できるようにすることだと考えたのである。つまり、一度無意識へと抑圧されてしまった性愛を意識化し、牢獄から解き放ち、そうやって自由に活動する性愛を観察し、その構造を理解し、幼児性愛から大人の成熟した性愛まで発展させていくことが、本来の支配だと考えたのである。力による支配ではなく、友好的な支配を実行したとも言えるのかもしれない。だが、意識を中心に据えて、世界を抽象的に整えていくという支配の方針は何も変わっていない。フロイトは、精神分析的な取り組みをゾイデル海の干拓事業にたとえているが、まさしく自然を、世界を、そしてさらには心という内界を制御し支配しようとする志向が、フロイトによって明確に提示されたと言うこともできるだろう。

無意識の発見あるいは発明

　すこし見方を変えてみると、この19世紀後半には、意識の制御の及ばない「無意識の発見」があったと言うこともできる。先ほど、意識という概念は、共同の知である良心という概念から区分けされ、良心に取って代わる形で成立してきたという議論があったが、無意識は、この意識による外界の支配がおおよそ終わった時に、残された未踏の地として人間の内界に発見された。志向が内側に向けられた時に、そこにはまだ征服すべき領域があると考えられたわけである。そして、フロイトの精神分析的な方法によって、外界だけでなく内界をも支配する扉が開かれ、20世紀から21世紀にかけて、私たち人間はみずからの内界の支配に邁進してきたとも言える。無意識は発見されると同時に制御すべき対象となったのである。

　しかし、本来無意識とは、「無意識的（unconscious）」という形容詞でしかなく、意識になっていない状態を指すものであった。それは、否定形に

よって一つの限界を示す形容詞であり、未知で、認識不能で、定義不能といった状態を指すものであった。思想の歴史で言えば、カントの認識批判が、一般に受け入れられる形で成立すると、無意識という概念になると考えてもよいかもしれない。カントによって人間の認識の限界が思想的・倫理的に設定され、認識を超えたものが「物自体」と名づけられたわけだが、それが、この時代になって「無意識的」として一般に承認されたのであろう。物自体も無意識も、意識の限界を指し示し、意識からこぼれ落ちていく認識の向こう側を指していた。そうしてみると、無意識を意識化するというフロイトの考えは、大きな矛盾を孕むものであることがわかる。否定形によって限界を示していたはずの「無意識的」という形容詞を、意識化して支配するということは、そこに内在する「限界」という概念そのものを否定することになる。つまり、カントによって認識不可能であるとされた物自体を認識する作業に取り組むことになり、そうやって、認識不可能であるという「限界」の定義そのものを、根本から転覆させたのである。「無意識的」という形容詞から、「無意識（unconsciousness）」という不格好な名詞が言語新作されたのも、形容詞のままでは対象化できなかったものを、名詞化によって実体化し対象化して、それをあたかも見たり触れたりできるものであるかのように変更して、制御できるようにするためであろう。17世紀の意識という概念の発明によって、人間は共同体から独立し孤立した個人を生み出すことに成功したわけだが、20世紀の無意識という概念の発明によって、とても逆説的だが、それまで認識不能であるとされていた人間の知り得ない世界を、超越的な世界や形而上学的な世界や宗教的な世界を、つまりは、生や死を、光や闇を、宇宙や深海を、そして神さえも、意識によって理解し得るものに変えたのである。無意識概念の発明は、意識概念の発明と共に、実は、人間の自由と発展と、そして、おそらく孤立を生み出す装置となっている。現代の心理学の領域で、その最たるものが、いま最も社会に受け入れられている認知行動療法やマインドフルネスという心理学の実践ではないだろうか。人間の認知と、そこから生まれてくる行動は、区分けして考えれば、制御できるとされ、精神的な充実やスピリチュアルな充足感さえも、段階を踏んでいけば誰でも生み出せる

ものとなった。認識・認知を超えたものはもはや何もなく、すべては継起的に区分できる抽象性によってとらえられ、整理して体系的に整えれば、再現可能で創造可能なものとなってきている。

個人と共同性の矛盾的統一の志向

　このような意識を中心とした無意識思想に対して、ユングはまったく別の心理学を構想する。まず、フロイトが「抑圧」というメカニズムから心理学を始めたのに対して、ユングが「解離」に注目したのは周知のことだが、実は一般にはあまり注目されていない。意識を中心に据えて無意識を征服していこうとした精神分析に対して、ユングの分析心理学は、表側の外的な世界と、裏側の内的な世界を、それぞれ自律したものであるととらえていく。精神分析に留まらず、一般的な心理学では、内的な世界は、外的な世界に従属しており、その写し絵であるかのように考えられている。それは、夜見る夢に対する態度に典型的に表れているが、夢は昼間の経験の残滓であったり、自分が覚醒時に考えていたことの変形であったりすると考えられている。しかし、ユングはこの内的な世界を、自律的なものであると考え、外的な世界に従属することはないとして、あえて「私たちが作り出したものではない夢」という言い方をする。つまり、ユングは夢を決定的な他性の現象として理解して、自分の意識に回収しないのである。しかも、夢はそれでいて、決定的にその人個人の夢であり、外的な客観世界とは異なるものであり、それは共有性のある世界ではなく、他の誰も経験することのできない徹底して閉じた夢見手独自の世界である。例えば、外的な世界で空に輝く月は、誰もが見る月であり、たとえ山の中で一人でその月を見ていたとしても、その同じ月を他の誰かもどこか別のところで見ていたりする。また、万が一、誰もその月を見ていなかったとしても、その月は、それでも外的なこの共通世界において共有されている月であることには変わりない。しかし、夢の中に現れた月は、その夢見手以外の誰も目にすることのできない月であり、歪んだ月や奇妙な模様が刻まれた月が現れたとしても、それはその人独自の月であるだろうし、見た目はまったく普通の月であったとしても、それは、その日にその人の夢の世界にだ

け存在する唯一無二の月なのである。それが、夢の世界の絶対的な自律性
である。つまり、ユングは解離という考え方を通じて、外的世界と内的世
界の両立を見いだし、人間の心の中に、徹底して他者と関わる共有のあり
方を見いだしながら、同時に、自分という個人の基盤になる徹底した個別
性を見いだしている。これが「解離」に注目したユングの心理学的な世界
観の一つの核心であるとも言えるだろう。

　いわゆる無意識的なものは、意識に回収されて支配されるのではなく、
それ独自の展開をするというのがユングの考え方である。そういう心の現
実性に注目していたため、ユングはいわゆる無意識という限界設定の用語
を改変し、あえて、元型（archetype）や集合的無意識（collective
unconscious）という概念をつくり出している。いずれも、問題の多い概念
であることは間違いないのだが、ユングの言語新作の目的は明確である。
私たち人間は、歴史的に見ると外的な世界の共有性から抜け出そうとして
きた。しかし、実は人間はその存在の内側に集合的な心のあり方を備えて
おり、20世紀に生まれた者であろうと、21世紀に生まれた者であろうと、
その生まれた時代にかかわらず、誰もが人間の歴史の中に、そして世界の
歴史の中に生まれ落ちるのであり、そのため集合性から分断されることは
ないとユングは考え、それを無意識的な心の層に位置づけたのである。人
間の実存的な意味でこのように言われているのではなく、心というものが、
そもそもそのような共同性を備えていると考えたのである。心は、個人の
心として個別に成立する面だけでなく、はじめから共同的に成立する面を
備えており、ユングはそうした共同的な心の側面をこれらの言葉で表現し
たのである。意識や自我と呼ばれるものは個人ごとに個別のあり方をして
いる。また、精神分析が構想した無意識は「個人的無意識（personal
unconscious）」と呼ばれ、あくまでもそれは個人という基盤に据えられ、
個人に関連づけられる心の現実とされる。しかし、心には、そのような個
人性とは別の、共有性の領域があり、それがユングの考える心理学の独自
性なのであるが、その共有の心のあり方を彼は元型や集合的無意識と名づ
けたのである。

　これは、本論の冒頭で紹介した近代以前の「良心」の議論と極めて類似

するものである。もう一度それを振り返ってみると、ロック以前の人間は、意識ではなく、共同の知としてのそのような良心を備えていると考えられていた。しかし、その良心概念では、個人の人権や自由を国家に先立つものとして定義することができず、個人という概念を成立させるためには、良心に取って代わる形で、意識を定立する必要があった。ただし、それは、個人を共有性と完全に分断するものとなり、孤立と苦悩を生むものともなる。個人の人権や自由は、近代以降の社会において欠かせないものである一方、それは神経症を生み出す構造ももっている。そこで、良心と意識が区別されないままでありながらも、個人の自然権を認めようとしたスピノザに、共有性と個人性とを両立させる人間像を見ようとしたわけである。そして、ユングは、まさしく、この共有性と個人性とを、人間の「心」のあり方としてとらえ直そうとしたのである。

　だが、これはとても矛盾を孕んだ取り組みにならざるを得ない。まず、共同性とは、もし外的世界に実際に回復させようとすると、極めて旧体制的な運動にならざるを得ない。そもそも、近代以前の人間は、基本的に、神や自然や共同体の中の一成分でしかなく、近代的な意味での個人としては成立しておらず、人権も自由も具体的には想像することさえできず、ただ共有的な世界の中に組み込まれていたにすぎない。そこから、個人を抽象することによって、無理矢理に、革命的に、人権や自由を定立してきたわけだが、ここに共有性をふたたび持ち込むことは、革命的な個人の成立をもう一度旧制度に引き戻すことになりかねない。つまり、もし共有性の再定義が、懐古的で復古的なものであるならば、それは個人を廃する共有性といったものを生み出し、例えばファシズムや集団同調社会を生み出すことになりかねない。だからこそユングは外的世界ではなく、内的世界において共有性を再発見する道を選んだわけであるが、元型や集合的無意識と名づけたとしても、それが懐古的で復古的なものになることを防げるわけではない。内的な世界に注目すれば、共有性はおのずから再発見されるとしても、はたしてそこに個人性は成立するのだろうか。外的な世界から自立した内的な世界は、個人性を成立させる動きをもっているのだろうか。

　ユングは、この問いを強く自覚していたと思われる。いま挙げた元型と

いう概念と共に、ユングの心理学において誰もが知る有名な概念が「個性
化過程」であろう。それはもちろん、一面的な個人主義を推し進めようと
したものではない。独我論的に理解されるものではなく、人間や世界全体
と矛盾するものでもない。そういう意味で、彼の言う個性化は極めて特殊
なものであり、個人の成立という意味と、世界や共同性の成立という意味
を同時に成り立たせようとしているとも言える。例えば、ユングは謎かけ
のように、「自己とは世界である」と発言したことさえある。また、ユン
グが、物理学者やパウリの思想に刺激を受けながら、シンクロニシティと
いう理論によって、物理学と心理学の統合の可能性を一つのヴィジョンと
して思い描いたことは、同様の世界観に裏打ちされていると考えてもよい
だろう。物理で表される外的な世界は、それ独自のあり方をして成立して
いるが、心理で表される内的な世界も、それ独自のあり方で成立しており、
この二つの世界は自律しながらもシンクロしているのであり、自律性を保
ちながらも、一つのつながりをもっていると考えたのである。そういう意
味では、シンクロニシティ論は、二つの世界の単なる相関を見るものでは
ない。世界が個人に従属するのではなく、個人が世界に従属するのでもな
い。つまり、シンクロニシティ論は、占いでも客観科学でもなく、個人と
世界が分離しながらも統合する可能性を探した理論なのである。ユングは、
個人と共同性の世界とを、両方一度に包含することを思い描きながら、心
と世界を観察し解釈していた。それは、決してどちらかに一方が飲み込ま
れる形ではなく、個人も共同性も共に成立し、それぞれ分離して別々の姿
をとりながらも、それでいて統合している状態を心理学の研究課題とした
のである。それをユングは、シンクロニシティという表現以外に、シジギ
ーと呼んだり、対立物の結合と呼んだりした。

　例えば、ユングがその後期の思想において心理学の先祖として倣ってい
た錬金術は、彼にこの二重の関心を呼び覚ましたからこそ、心理学のモデ
ルとなったとも言える。すなわち、錬金術は、ラピス・フィロソフォルム
（lapis philosophorum〔哲学者の石〕）、ウヌス・ムンドゥス（unus mundus
〔一つの世界〕）といった自然な統一の形を教えてくれていて、もう一方で、
自然が未完成のままに残した物をアルス（Ars〔芸術・技術〕）が完成させ

ることを教えてくれている。あるいはまた、近代科学によって生みだされたユニバース〔一つの宇宙〕という抽象的な世界と、旧来のすべてのつながりが保たれたコスモス〔多様な宇宙〕という具象的な世界との統一が錬金術によって思い描かれていたとも言える。

　この矛盾的な統一のあり方は、おそらく現代においてもまだ探索の途中にある。ユングは最晩年の書簡の中で次のように述べている。「彼ら〔現代人〕には身勝手な心〔マインド〕と、心〔サイキ〕の客観的な顕現との区別がまだつかないのです。自分たちの心と客観的に付き合う術がまだないのです。つまり、自分が行っていることと、自分に降りかかってきていることとを、区別できていないのです。……私たちの心〔マインド〕の状態はいまだに、酷く原始的です。そしてこれが私たちが心〔サイキ〕のことで客観的になることができない理由です」(*Letters* 2, p.590f., to Read, 2 September 1960)。同じ時期に別の相手には次のように記している。「……ある側面では、自分は自分にとって見知らぬ者であることを、いまのところ人はまだ理解することができないようです」(*Letters* 2, p.595, to Serrano, 14 September 1960)。身勝手な心〔マインド〕と、客観的に顕現する心〔サイキ〕との差異がわからなければ、その矛盾を孕んだ同一性が理解され、個性化過程が現出してくることはないだろう。つまり個人と共同性の差異が心において真に理解されることも、その理解を経た個人と共同性の差異を含んだ同時成立も、作業途中の課題として、まさしく私たちの眼前に据えられている。それが、ユングが私たちに残してくれた課題であり、遺産である。

ユング心理学と意識

岸本寛史

静岡県立総合病院

1　意識はユングの第一番の関心事であった

　ユングの高弟、C・A・マイヤーに『意識』(1983) というテキストがある。その「監修者のことば」で、河合隼雄 (1996) は、「意識はユングの第一番の関心事であった」というマイヤーの言葉を引用している。ユングを「無意識の探求者」と考えている人には奇異に響くかもしれないが、マイヤーによれば、「ユングにとって意識は、人間の心理学に中心的なウェイトを占め、そもそも人間存在における決定的要因でありかつそうありつづけることを、最初に確認しておく必要がある」ということになる。

　河合はこれに賛同し、「人間が生きていくことを問題とする心理学の中心課題は『意識』でなければならない」と強調する。しかし、それに続いて「心理学にとって意識ほど厄介なものはなかった」と添えている。その難しさは、意識を対象として研究しようとする主体も意識であるところにある。これをマイヤーは「認識論的アポリア」と呼んだ（アポリアとは解決の糸口が見出せない難問のことをいう。訳者の氏原は「認識論的問題」と訳し、アポリアとルビを振っている）。

　河合によれば、そこで、フロイトやユングは「無意識」を対象として設定し、主体としての意識が「無意識」を対象として研究するという形をとることで、精神分析という学問が打ち立てられることになった。河合は、「このようなことを、フロイトやユングがどこまで明確に意識していたかはわからない」と述べているが、最近、まさに『意識と無意識』というタイトルで公刊されたユングの講義録 (Falzeder, 2022) を見ると、少なくと

もユングは、このことを相当意識していたと思われる。この講義録につい
ては後で取り上げるが、マイヤーも実はこの講義ノートを持っていて、それ
を拠り所として『意識』を書いたことを序文で明かしている。

　マイヤーはこのアポリアに現象学的に迫り、時間的限定性、自我の多元
性と変容可能性、絶対的自我、自我の対極的特徴などについて論じている。
さらに、意識が脳に局在しているという考えは先進国では認められている
が、「全体としての人間は、これら少なくとも六つの段階、脳、心臓、横
隔膜、胃、腸、膀胱、最後に体以外を踏まえ、調和的に機能しつづける」
と明言している。河合はここまで明言するほどの経験はないとしながらも、
「近代人というのは、大脳皮質に所在する意識を極端に発達させたために、
その他の段階の意識を意識化できない！状態になっている、とでもいうべ
きであろう」と、この指摘の重要性をエクスクラメーションマークを付し
て強調している。「人間を心と体に分けて考えることによって近代医学は
大いに進んだのであるが、実際の医療の際には、人間をもっと全体として
見ることが必要であろう」という河合の言葉は、河合の最期を思うと、一
段の重みを増して迫ってくる。

　意識の所在を検討する中で、マイヤーの考察は意識の文化差に及び、
「東洋の、対象のない全体意識の代わりに、西洋の心理学は無意識の概念
を打ち立てた」というパウリの言葉が引用されている。意識の文化差につ
いては、さらに、意識の態度（内向／外向）や意識の四つの機能に基づく
人間のタイプの相違についての議論でも論じられている。なお、ここで、
河合は「激情理論」という短い一章には触れずにタイプの問題に筆を進め
ているが、「激情」（passion の訳語と思われるが）という激しい感情のみ
ならず、感情一般と意識の関係についてはさらに深める余地がある。神経
精神分析を創始したマーク・ソームズは、感情に意識の謎を解く一つの手
がかりを見出しているからである。

2　ユングの講義『意識と無意識』

　ユングは1933年5月、スイス連邦工科大学（ETH）で近代心理学の講
師を務める承認をスイス教育委員会に申請し、6月24日に承認された。か

くしてユングは、ETH で1933年10月20日から1941年の夏までの間、合計
13学期間、講義を行った。その講義録が2018年から順次刊行されている。
全8巻の予定だが、2023年11月現在、第1、2、6、7巻が出版されてい
る。1934年4月20日から7月13日にかけて行われた12回の講義を収めた第
2巻では、『意識と無意識』というタイトルが示すように、ユングの意識
に対する考え方が述べられている。この講義は心理学の予備知識を前提と
しない聴衆に行われたため、「ユングの研究を幅広い層にとって接近しや
すい形で十全に解説する稀な機会」となっている。しかも、「ユングが自
らの初期の仕事に現在の視点から全面的に取り組み直したものであり、他
の著作のどこにも見出せない人格のモデルも提示している」。

　というわけで、「ユング心理学と意識」をテーマとする本稿で、この講
義録『意識と無意識』（Falzeder, 2022）に触れないわけにはいかない。以下、
この講義録の要点を紹介し、ユングが「意識」をどのように捉えていたか
を見ていきたい。

　ユングは第1回目の講義（1934年4月20日）を「私の経験では、困難を
生じるのは、一般的に、基本的な用語でした。だから、今学期は、基本的
な用語と方法というシンプルな事柄について論じ、私が用いている概念が
どのように生まれてきたかを説明する助けになればと思います」という言
葉から始めている。心理学では信じられないほど広大で意見が分かれる領
域に足を踏み込むことになるので、概念を明確に規定できる他の科学とは
異なることを指摘し、個別的な側面と一般的な側面が同時に存在している
ところに心理学の難しさがあると強調している。そして、遺伝や素質、環
境の影響についても、具体例を挙げながら説明している。興味深いのは、
言語の影響についても指摘している件である。フランス語は心理学に向い
ておらず、ドイツ語は心理学にはよいが哲学には不向きで、おそらく中国
語が心理学には最適だろうと述べている。心に対する言語の影響は根深い
ものがあると捉えられている。

　第2講では、外界にある物体の知覚の仕方には、同一のものを見ていて
も個人差が生じることを避けられないが、心的なもの（内界）の知覚には、
さらに（個人差に加えて）、無意識の干渉を受けることが指摘されている。

「意識」には努力が、つまり、エネルギーと仕事が求められるので、必要がなければ夢を見ているような状態に落ち込んでしまう。意識とは無意識の海を泳いでいく円盤のようなものであり、労力を注がないと沈んでしまうのである。そして、無意識が意識にどのように干渉してくるか、いくつかの具体例が示されている。意識は魂（soul）の感覚器官（organ）であるという記述もある。目や耳が外界を知覚する感覚器官であるとすれば、意識は内界を知覚する感覚器官であるというわけである。そして、その根拠の一つとして、意識の座とされる脳が外界の感覚器官と同じく、外胚葉に由来するという事実が指摘されている。余談になるが、この指摘は、30年以上前に山中康裕がある事例検討会で行った指摘と通じており、山中とユングが同じような観点をもっていたことが再認識できた。

　続いて、意識の機能が取り上げられる。「意識は普遍的な状態ではなく、むしろ、構造化された有機的組織体（organism）であり、いくつかの機能を見分けることができる」（第3講）。ここで有名な、意識の4機能、思考、感情、感覚、直観が紹介される（図1）。合理機能の思考と感情が常に対立し、非合理機能の感覚と直観も常に対立する。あるものについて感情が働いている時には同時に正しく思考することはできず、その逆も真である。感覚と直観についても同じである。このタイプの違いにより、同じものを見ていても見え方が変わってくるのである。また、これらの機能について、心的エネルギーの観点からも考察している。ある機能が抑制されると、エネルギーの喪失が生じる。失われたエネルギーは無意識に沈み、何らかの障害を引き起こすことになるという。

　四つの機能を同等に働かせることはできず、主機能とそれに対立する劣等機能のペアが生じる。もう一組の主機能と劣等機能のペアはそれを補助するものと位置づけられる。こうして、意識の4機能の図

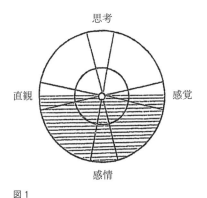

図1

（図1）が示されることになる。河合隼雄（1967）の『ユング心理学入門』にも同様の図があるが、ユングの図では、中心に私（the I）を示す白い丸が描かれていることが注目される（河合の図には中心の白丸は描かれていない）。

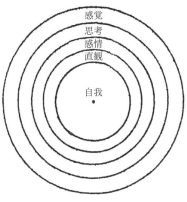

図2

第5講では、これらの4機能が同心円モデルで示され、中心は「自我」を表す点になっている（図2）。これは意識を示し（だから中心に自我が置かれている）、そのタイプによって4機能の配置が変化する。この図では感覚が主機能、直観が劣等機能で、思考（二次機能）と感情（三次機能）が補助機能であるようなタイプが示されている。外側ほど意識的に用いることができる機能で、内に進むほど無意識的な機能となる。4機能をこのように同心円で示した図は初めて見た。

さらに興味深いのはもう一つの図（図3）である。この同心円モデルでは、最外側が「記憶」、次に「主観的な部分（Subjective Portions）」、その内側に「情動（Emotions）」、さらに内側に「侵入（Invasions）」、そして中心が無意識となっている。このモデルの基盤には、心は白紙（tabula rasa）ではないという前提がある。ここは非常に重要な部分である。「心は、白紙の状態から始まり、感覚的な印象が残した振動から、すべての特異的な特性を獲得する」と理論化したヒュームとロックの経験主義（Solms, 2021/2021）と異なる立場をとっていることが明白に示されているからである。現代の主流の脳

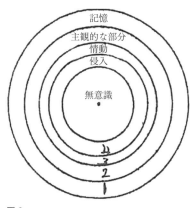

図3

科学もロックとヒュームの経験主義を基盤に据えて、心は白紙の状態から始まるとの前提から出発しているが、ユングはこれとは一線を画し、むしろ、ソームズらの神経精神分析の立場と通じる部分が多い。

　人が何かを感じたり考えたりする時、その内容は、「単に外から与えられたものではなく、そこに内側からやってくる何かが付与される」とユングは述べている。これは、知覚を予測誤差の最小化のプロセスと捉える計算論的神経科学のモデルの基本的な考え方と重なる。この「内側からやってくる何か」として、先に挙げた、記憶の痕跡、意識的機能の主観的な部分、情動、無意識からの侵入といった項目が言及されている。この４層の内側に無意識が置かれていることから、これらの４層は意識と無意識のインターフェイスと捉えることが可能である。

　事実、次の第６講では、図２と図３を統合し、外側に意識の４つの機能、その内側に図３の４層、最内部に無意識を置いた図が示されている（図４）。さらにこの最内部の無意識を個人的無意識と集合的無意識、黒塗りの中心の３層に分けている。第６講と第７講の前半は、これらの無意識の説明に充てられている。これらをすべてまとめて示したのが図５である。第12講の冒頭に示されている。

　第７講の後半から第12講にかけては、無意識の内容への接近を可能にする方法、すなわち、言語連想検査、電気皮膚反応実験、夢分析について述べられている。ユングの無意識に関する理論が単に思弁的なものではなく、経験的な、つまり実証可能な、根拠をもつものであることを示そうとしている。ユングのこの態度も、主観的なものと客観的なものを同等に尊重する神経精

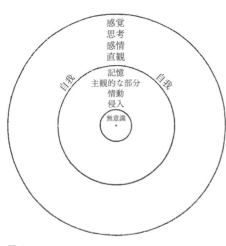

図４

神分析の精神と通じ
る部分が多い。

3　同心円モデル

　以上、ユングの意
識に関する講義の概
略をまとめてみた。
ここからわかるのは、
ユングが意識を複合
体として、あるいは
さまざまな要因から
なる複合的な状態と

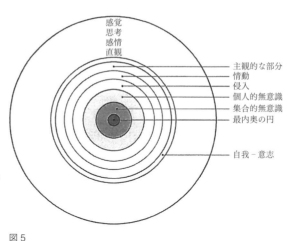

図5

して、捉えていたということである。そんなことは改めて指摘されなくて
も当然のことだと思われる方もいらっしゃるかもしれないが、ここで、意
識の４機能を最外層に置き、情動を含む４層のインターフェイスを間に挟
んで個人的無意識、集合的無意識をさらにその内側に置く同心円モデルが
示されていることに、深読みかもしれないが、大きな意味があると私は考
える。その点についてもう少し詳しく述べてみよう。

　ユングは第10講の最後に、心の中にはさまざまなコンプレックス（複合
体）があり、「私（the I）」も一つのコンプレックスであり、その他のコン
プレックスの断片も自律的に振る舞い、それ自身の低い意識があると述べ
ている。ここで示されている図（図6）は、多数の中心からなるモデルと
なっている。中心が一つの同心円モ
デルと、中心が多数ある多中心モデ
ルとは一見矛盾するように思われる
が、ユングはそのいずれをも心のモ
デルとして描写していた。どうして
そのようなことが生じるのかといえ
ば、心の構造を、固定された静的な
ものとしてではなく、可変的で力動

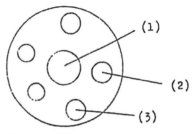

図6

的なものと捉えていたからではないだろうか。

　図5のような心の同心円モデルを、力動的な観点から見るとどうなるだろうか。ここでヒントとなるのが、神経精神分析である。感情神経科学を創始し、神経精神分析の神経科学の支柱でもあったヤーク・パンクセップらは、脳の情動プロセスに三つのレベルを区別している（Panksepp & Biven, 2012）。皮質下の基本的感情、もしくは原初的感情のレベル（一次レベル）、古典的条件付け、オペラント条件付け、行動的・情動的習慣など、基底核を介した学習のレベル（二次レベル）、認知的・実行的機能、情動的反芻と調節、「自由意志」など新皮質の「自覚」機能が働くレベル（三次レベル）の三つである。このような階層モデル（図7）自体は珍しくはないかもしれないが、パンクセップらはこれを入れ子モデル（図8）として捉えているところが、ほかの階層モデルにはあまり見られない点で

脳の情動／感情の制御のレベル
状態制御（＃1）と情報処理（＃2、＃3）

1. **一次プロセス　基本的、原初的感情（皮質下）**
　　1）情動的感情（情動行動システム、行為の中にある意図）
　　2）ホメオスタシス的感情（脳-身体の内受容、空腹、口渇など）
　　3）感覚的感情（外受容感覚を誘引とする快・不快の感じ）

2. **二次プロセス　情動（基底核を介する学習）**
　　1）古典的条件付け（例、扁桃体を介した FEAR）1
　　2）オペラント条件付け（例、側坐核を介した SEEKING）
　　3）行動的・情動的習慣（主に無意識、背側線条体）

3. **三次プロセス　新皮質の「自覚」機能**
　　1）認知的・実行的機能（思考と計画、前頭皮質）
　　2）情動的反芻と調節（内側前頭領域）
　　3）「自由意志」（高次のワーキングメモリ機能、行為するための意図）

図7

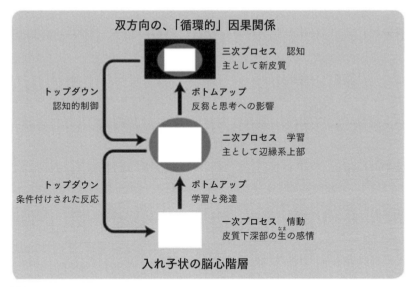

図 8

ある。入れ子モデルでは、例えば、A（皮質下）、B（基底核）、C（新皮質）の３種類の異なるニューロン群があるとして、一次、二次、三次レベルがそれぞれ、A、B、C という形で機能分担しているのではなく、A、A＋B、A＋B＋C という形で構成されていると捉える。つまり、二次レベルを構成するニューロン群は、一次レベルのニューロン群を不可欠の要素として含んでいるのである。

　このような入れ子モデルの重要性を強調するのが、精神医学と神経科学、哲学の三つの博士号をもつゲオルク・ノルトフである（Northoff, 2023）。彼はソームズとは少し異なる角度から神経精神分析の研究を進めているが、その中で、従来のほとんどの神経科学が脳と心の関係を静的で固定されたものとして分析しているのに対して、脳と心の関係を力動的に捉える必要があると強調している。その際にモデルとしているのが、このパンクセップらの入れ子モデルなのである。

　入れ子モデルの特徴の一つは、高次のレベルにも低次のレベルの何がしかが浮上してくるという点にある。逆に言えば、高次のレベルの現象を観

察する際、そこには低次のレベルの何がしかが紛れ込んでいると見なけれ
ばならない。したがって、「あるタスクを行った時にある部分の脳血流の
上昇が認められた、だからその部分はそのタスクが示す機能を担う部分で
ある」と単純には言えなくなる。そのタスクを下支えする低次のレベルも
同時に賦活してくるからである。入れ子モデルから見れば、現在の脳科学
の主流をなす機能相関の方法には大きな見落としがあることになる。脳と
心を力動的なものとして捉えるためには入れ子モデルに拠って見ていく必
要がある。

　意識を「構造化された有機的組織体」と捉え、個別的な側面と一般的な
側面が同居するその複雑さを捉えようとしたユングが示した心の同心円モ
デルは、それを単に同心円と見なすのではなく、入れ子モデルと捉えるこ
とで、意識の複雑さをより適切に把握するための有効なモデルとしてその
本領が発揮されるのではないかと思う。

4　おわりに

　脳科学の進歩に伴い、意識もその研究対象として視野に入るようになり、
さまざまな理論が提唱されている（以下は、Solms, 2021/2021による）。ジ
ェームズ・ニューマンとバーナード・バースは、視床が統一された「グロ
ーバル・ワークスペース」を大脳皮質に生み出させ、ばらばらの情報が包
括的にアクセスできるようになれば経験になると提案した。スタニラス・
ドゥアンヌとライオネル・ナカーシュは、前頭前野と頭頂葉の連合皮質野
が、一次感覚領域の活動を統合してこのワークスペースにすると補足した。
ジェラルド・エーデルマンは、視床皮質の「再入力ループ」を鍵となる機
能として導入し、そのループ内で統合された情報が初期レベルの知覚処理
へと送り返されるとした。ジュリオ・トノーニは、結果として生じる「大
規模に統合された」情報処理を強調し、最小情報単位の間の統合の度合い
こそが重要な構成要素であって、意識はどれほど多くの情報が統合されて
いるかの関数であると主張した。フランシス・クリックとクリストフ・コ
ッホは、大脳皮質におけるガンマ振動の同期が経験を結合して貯蔵する、
との仮説を立てた。つまり、統合は空間よりも、むしろ時間の中で起こる

という。ロドルフォ・リナスも同じように、40Hz 以下の視床皮質活動の同期を示唆した。

　これらの理論に共通しているのは、意識は大脳皮質の活動から生み出されるという考えである。これは、連合主義と呼ばれる考え方であるが、その元を辿れば、白紙の脳に書き込まれた知覚が束になって統合されることで意識が生まれるという、ヒュームとロックの経験主義が基盤にある。ソームズはこの立場を「大脳皮質論」と一括して批判し、独自の意識論を提唱している（Solms, 2021/2021）。そして、心は白紙ではないとの前提に立つユングの同心円モデルは、現代の脳科学の主流をなす連合主義とは一線を画すものと言える。

　こうして見ると、ユングの心理学は、その基本的な部分において、意識の本質を主観と客観を同等に尊重しながら探ろうとしているソームズの神経精神分析と通じる点が少なくないように思われる。ユングが意識と無意識に迫るのに、単なる思弁ではなく、言語連想検査、電気皮膚反応実験の結果をその根拠に据えていたように、今後、ユング心理学がさらに発展していくためには、脳科学の知見との照合や統合を考えていく必要があるのではないかと思う。ユング心理学においては、神経科学との統合の道を追求している分析家として、ウィルキンソン（Wilkinson, 2010/2021）などがいるが、まだまだ少数派であるのは残念なことである。

文　献

Falzeder, E.（Ed.）(2022). *Consciousness and the Unconscious: Lectures Delivered at ETH Zurich, Volume 2 : 1934.* Princeton, NJ: Princeton University Press.

河合隼雄（1967）．ユング心理学入門　培風館

河合隼雄（1996）．監修者のことば　C・A・マイヤー（著）河合隼雄（監修）氏原寛（訳）意識──ユング心理学における意識形成　創元社　pp.i-xiii.

Meier, C. A.（1983）．*Bewusstsein. Bd. III des Lehrbuchs der Komplexen Psychologie C. G. Jungs.* Zürich: Walter Verlag.（河合隼雄（監修）氏原寛（訳）（1996）．意識──ユング心理学における意識形成　創元社）

Northoff, G.（2023）．*Neuropsychoanalysis: A Contemporary Introduction.* New York: Routledge.

Panksepp, J. & Biven, L. (2012). *The Archaeology of Mind: Neuroevolutionary Origins of Human Emotions*. New York: Norton.

Solms, M. (2021). *The Hidden Spring: A Journey to the Source of Consciousness*. New York: Norton.（岸本寛史・佐渡忠洋（訳）(2021). 意識はどこから生まれてくるのか　青土社）

Wilkinson, M. (2010). *Changing Minds in Therapy : Emotion, Attachment, Trauma, and Neurobiology*. New York: Norton.（岸本寛史（監修）広瀬隆（監訳）(2021). セラピーと心の変化——情動・愛着・トラウマ、そして脳科学　木立の文庫）

「似たもの」としての意識と無意識

老松克博

大阪大学

ユング心理学における意識と無意識

　私たちは「意識」「無意識」なる語を頻繁に使っているが、本質は捉え難い。言うまでもなく、ユング心理学は深層心理学の一種であり、つまりは無意識の存在を仮定して構築されている。しかし、無意識（the unconscious）を正確に訳すと「意識されていないもの」。un- という打ち消しの接頭辞つきである。いきおい、意識と無意識についての理解は対比的なものにとどまりやすい。本稿では、心の癒しの仕組みと絡めてもう少し動的な理解を試みたいと思うのだが、まずは前提となるユング心理学の基本をおさらいしておこう。

　ここで「意識」と呼んでいるのは自我意識のことである。心のなかには大小さまざまな意識が存在するが、通常、自我にともなっているそれがいちばん大きく明るい。蒼穹に輝きわたる太陽のごとく、他の意識たちのかそけき光をかすませる。むろん、この意識もはじめから堅固だったのではない。泡沫のように浮かび上がってきては、圧倒的な無意識の大海に呑み込まれ続けていた。しかし、途切れ途切れの状態から脱するにつれて、みずからを無意識とは異質な存在として定位するようになる。いまだ脆弱ながらも「私」という同一性をもつ自我である。意識と無意識の関係性は対立をはらむものになってくる。

　といっても、無意識は、意識にとって嫌で不愉快な要素ばかりでできているわけではない。この点はよく誤解されている。葛藤のために抑圧された記憶や表象も含まれてはいるが、無意識の巨大さからすれば、それらは

微々たる割合にしかならない。このごく小さな部分は個人的無意識と呼ばれる。一方、無意識の大半は、個々人の経験が始まる前からすでにあった内容、すなわち誰もが共通にもって生まれてきた内容からできている。ユングが発見した集合的無意識である。

　無意識には意識にないあれこれがしまわれている。意識によるものごとの見方がいつのまにか極端になっている場合、その一面性を補償してバランスを回復させうる素材は無意識の領域にある。とりわけ集合的無意識は、夢やファンタジーとしておのずから浮かび上がってくる内的イメージを介して、個人の経験や自我の賢しらでは思いもつかない知恵や時には啓示さえも提供してくれる。そこには、乖離した意識と無意識のあいだを架橋して心を再び一つの全体として機能できるようにする働きがある。

　ユングはそれを超越機能と呼ぶ（Jung, 1916/2018）。対立し合うものが葛藤と矛盾を超えて合一する。一つになれるはずのないもの同士がいっしょになるのだから、この合一にはパラドックスの性格がある。よく知られている例を挙げるとすれば、楽園の木の実にまつわる人間の原罪（意識をもつ罪）を神みずからが人間となり処刑されて贖うキリスト教の福音、女になった観音が修行者に抱かれるというイメージをもって仏道と性を両立させた親鸞の夢などだろうか。

　超越機能が発現するには、もちろん無意識の働きが重要である。しかし、それと同様に、いやそれ以上に、意識の果たす役割が大きい。ユングは、自身が深刻な心理的危機に陥った時、みずからの旨としてきた夢分析だけでは不充分だと感じて、アクティヴ・イマジネーションという技法を編み出した（Jung, 1916/2018, 1971/1987/1972・1973）。覚醒中の清明な意識でもって無意識由来のイメージにリアルタイムで直に関わる技法である。

　ユングは超越機能という呼称をアクティヴ・イマジネーションの別名としても用いている（Jung, 1916/2018）。アクティヴ・イマジネーションは、意識と無意識による広義の対話と考えてよい。「広義の」と付け加えたのは、それが、意識ないし自我（「私」）と無意識由来の人物像との文字どおりの対話になる場合もあれば、主人公である「私」が無意識的イメージ世界で冒険物語を経験する場合もあるからである。では、そこでいったい何

が「アクティヴ」だというのか。意識ないし自我にほかならない（老松, 2004）。無意識を重視する深層心理学の治療技法にユングはそれくらい意識のコミットメントを求める。

傷つけたものが癒す

「神々は病気に姿を変えた」とユングは述べている（Jung, 1929/1980）。この「病気」は神経症の謂いだが、ひろく近代以降の心の問題を指すと考えてよい。それらはかつて神だったのだ。例えば、誰でもふと魔が差すということがあるだろう。そうした現象は昔ならまさに魔の仕業と信じられていた。魔はむろん神の一種である。ところが、近代になると、霊威を誇ったさしもの神や魔も零落し、迷信として一掃されてしまう。

それまで神が君臨し魔が跋扈していた神秘に満ちた領域は人間の支配下に置かれた。無意識の諸力を卑小な意識が管理すると宣言したのである。そうなると、神々も黙ったままではいない。人間に自力ではいかんともしがたい内的状況が存在するという苦い事実を突きつける。意識は傲慢な反無意識的態度の責任を問われ、代償として神経症の重荷に苦しむことになった（Jung, 1929/1980, 1997/2011）。

たとえ、ある日突然パニック発作に苦しむことになったとしても、もはやかの牧神の発する奇声のせいにはできない。底知れぬ極度の不安に煩悶し、発作が過ぎ去ったあとも、つぎはいつ襲われるのかと恐れおののくばかりである。意識的に原因に働きかけ、場合によっては排除して、困った症状の解消を図りたいところだが、これといったきっかけや理由は思い当たらない。意識は途方に暮れる。

しかし、最前の議論から見てとれるように、神経症の原因はわからずとも、目的ならはっきりしている。人間に神々の力を再認識させること、無意識へと目を向けさせ、その働きを明確に意識させることである。この目的が成就されたなら、神経症は存在する意味を失い、おのずから消退していく。ユング派心理療法はそうした観点から心の問題の解消を図ることを一つの特徴としている。

その背景にあるのは「傷つけたものが癒す（o τρώσας και ιάσεται）」という

治療原理である（Meier, 1948/1986）。この言葉はアポロンの託宣に由来する。ある槍によってアキレウスから負わされたテレポスの傷は手を尽くしても治らなかったが、この託宣をふまえて、かつての敵からその槍の錆をもらいうけて薬にすると、はたして治癒するところとなった。つまり、神経症を癒せる者がいるとしたら、その病をもたらした神々にほかならない。そのような神々に対してどうふるまえばよいかが問題になってくる。

　意識がみずからの出自たる無意識の存在を見失い、乖離を招いて心の全体性を損なったがゆえに、無意識は神経症となって力づくで意識の活動を妨げようとしている。その目的は、ふるまいの不敬さに気づかせて関係修復交渉のテーブルにつかせることにあるのだから、意識がなすべきは、神経症をもたらしている無意識の諸力の声なき声に耳を傾け、存在の正当性を認めて尊重し、ふさわしい礼を尽くすことである。目的も知らずに、さらに排斥しようとしてはならない。

　神経症に対する目的的な理解の仕方には、ユングの慧眼がはっきり見てとれる。ただし、気がかりな点もある。なるほど、神経症に姿を変えてまで現れる神々の思いの丈を人間が充分に汲み取れるなら、「傷つけたものが癒す」という奇跡が起きるかもしれない。しかし、両者のあいだにあるのは基本的に対立の構図である。敵対的な状況下で行われる折衝の限界も考えておくほうがよいのではないか。たとえ和解が成立したとしても、潜在的な対立は保持されていく可能性が高い。

　それというのも、これほど真剣な警告がくりかえし発せられてきたにもかかわらず、意識は今や民俗や宗教といった集合的無意識の現れる領域への関心を加速度的に失い、心＝意識という錯覚と妄想にますます取り憑かれているように見えるからである。ユングの時代よりずっと尊大になった意識に対して強引に改心せよと迫っても、かえって依怙地にさせてしまうだけかもしれない。臨床的に考えると、現代の神経症というこじれた問題に向き合うには、目的性を尊重しつつ、もっと支持的で共感的なアプローチをだいじにする必要がある。ユングとユング派の論考のなかにはそういう観点もあるのだろうか。

似たものが癒す

　例えば、意識の偏った姿勢を無意識が正すというのではなく、似たような苦しみを抱えている無意識が意識を癒すという図式がある。この二つの図式はまったくの別物とも言いきれないのだが、後者の治療原理が働く場合は意識との正面からの対決にはなりにくい。その根はやはり古代にまで遡る。「似たものが癒す（similia similibus curantur）」というのがそれで、ユングの高弟カール・マイアーによれば、アスクレピオス神殿での参籠による夢治療はこの原理にもとづいていた（Meier, 1948/1986）。

　アスクレピオスはアポロンの息子で、死者をも甦らせたとされる癒しの神である。ギリシア各地の神殿で祀られており、難治の病気に苦しむおびただしい患者がやって来たという。患者は神殿内の聖所に籠もり、神から送られてくる夢を待った。この時に患者が用いた寝椅子はクリネー（κλίνη）と呼ばれており、これが今日の「クリニック」の語源である。アスクレピオスが出てくる夢を見て病気が癒えたという証言が多数残っている。

　夢に登場する神自身も、患者のように眠っていたり、患者と同じ病気に罹っていたりしたという。アスクレピオス神殿で「似たものが癒す」と見なされた所以である。病んだ人間を病んだ神が癒す。神々は「病気に姿を変えた」だけでなく、「病気に罹っていた」。かの神は、自分でその病気に罹ってみたからこそ、そこから回復していく術も知りえたわけである（Meier, 1948/1986）。

　これと重なるモチーフはもちろんわが国にも見出せる。例えば、奈良の長谷観音の霊験譚『長谷寺験記』（横田, 2010）の上巻第十九の物語は次のように始まる。関白、藤原頼通が何ごとか祈願があり参籠したが、本堂の火災から間もなかったため、これほどの聖地がたびたび焼失してきたのはなぜかと訝っていた。すると、満願の夜、夢に童子が現れて告げた。観音の方便に不審を抱いてはならない。焼失するたび、多くの者が復興のために家財や労働を提供したり、深く嘆いて手を合わせたりして、ありがたい霊験にあずかっているのだ、と。観音は苦しむ衆生を利するためにみずからの伽藍を焼くのである。

　マイアーはアスクレピオス信仰をめぐって、病気や困難が神的なものならば癒すのも神的なものだと指摘する（Meier, 1948/1986）。そこにはやはり目的があって、癒しをもたらす「似たもの」にはその目的の実現に向かうプログラムが組み込まれているのだろう。それが展開されるプロセスを妨げないこと、促進することが重要である。サミュエル・ハーネマン（1775〜1843）が創始したホメオパシー（homeopathy）、すなわち類似療法ないし同種療法は、この治療原理が再発見されたものである（Meier, 1948/1986）。ホメオパシーでは病気を作り出した毒をだいじに利用する（Hahnemann, 1921/2007）。

　現代医学の治療原理はアロパシー（allopathy）である。異種療法あるいは逆症療法の意で、こちらもハーネマンの造語。余分なものが毒になって病気を作り出しているのなら取り除き、何かが不足して病気になっているのなら補って、邪魔な症状を打ち消すことを原則とする。対照的に、ホメオパシーにおいては、毒をさらに服用させて薬とするというのである。まさに「似たものが癒す」の原理をそのまま体現するものだが、基本的に経験的事実にもとづいていて、実際のところ、その機序はほとんど問題にされない。

　ともあれ、鍵になるのは稀釈という手続きである。ある物質が毒となって病気を引き起こしている場合、徹底的に稀釈した当該の物質を患者に服用させる。薬液中に含まれているその物質の分子が 1 個未満になるほどに薄めてある。生体においては、同じ物質でも、よりサトル（subtle：稀薄、微細、精妙）な状態にある場合の作用のほうが強力で、よりグロス（gross：濃厚、粗大）な状態にある場合の作用に置き換わる、というのが「類似の法則」である（Hahnemann, 1921/2007）。すると、当初の毒としての作用は消えてしまう。多くの病気はもともと、症状が次々に置き換わりながら秩序の再構築へと至る目的的な癒しのプロセスを含んでいる。

　ユングはホメオパシー自体にはほとんど言及していない。しかし、近縁の概念である「傷ついた癒し手」「傷ついた医師」という元型的な治療者像についてはよく論じている（Jung, 1950/1985, 1954/1974, 1955/1956/1995・2000）。ユングはシャーマンのイニシエーションに関する知見をふま

えて、かつて傷を負って癒された経験をもつ者こそが傷を癒せると説き、心理療法家の資質として重視した。神話的なイメージとしてはケイロンにふれている（Jung, 1950/1985）。ケイロンはケンタウロス族の賢者で、ほかならぬアスクレピオスの師でもある。彼は呪われた流れ矢で治らぬ傷を負い、不死の身ゆえにかえって苦しむなかで癒しの術を極めた。

ホメオパス元型

　意識と無意識の問題に戻ろう。神経症の発症の根底に意識があるとすれば、毒に相当するのは意識だろうか。この毒を作用させ続けて本来の目的的なプロセスを促進するのがホメオパシー的な姿勢かもしれない。その場合、傷ついた心を癒すには意識に「似たもの」、ただしよりサトルな「似たもの」が必要になる。それは何か。さしあたり、内なる同性像が思い浮かぶ。一般的にはシャドウと解されるものである。さまざまな水準のシャドウが存在することはよく知られており、質的にも幅が広い。

　さらにもう一つ、同性のイメージで経験されることの多い心理素としてセルフの像もある。ただし、シャドウのように同年代であることは稀だし、セルフ自体は両性具有に近い姿で登場することもないではない。ともあれ、間違いなくサトルである。セルフとの創造的な関係性の構築は個性化の目的そのもので、高次の全体性の実現に等しく、その段階に至れば神経症は癒される。意識の地位は独自性を保ちながらも相対化されて、当初の毒性も極微になっているはずである。

　個性化のプロセスはシャドウの同化が出発点となることが多いが、そこからセルフに邂逅する地点まではたいへんな距離がある。そこが問題である。一般的には、その長い道程のガイド役を務めるのは異性像だし、図式的に言えば、異性像と行く旅の目的地で待っているのは「対立し合うものの合一」による両性具有的なセルフかもしれない。ところが、そのようなセルフの像は少し不安定なのがふつうで、いささか頼りない。意識の耐容限界を超えてしまいやすいためかと考えられる。

　では、同性のガイドによる場合はどうか。私たちは従来、旅の出発点に居合わせるグロスな同性の像も、セルフへと至る懸隔をつなぐ比較的サト

ルな同性の像も、十把一絡げにしてシャドウと呼んできた。しかし、ここ
では、もっぱら同道する役目を担う後者のような像をホメオパス
（homeopath）と仮に呼んで区別してみたい。これは、類似療法家を意味
する語である。一言で言えば、この元型は「似たもの」として布置される。
もしくは、「似たもの」を布置させる。通常のシャドウとしての性格もさ
りげなく保ちながら、連れ立ち、同行し、寄り添う。

　再び図式的に言うなら、この同性との旅の目的地で待っているものは同
性のセルフになる。これがサトルな「似たもの」との結合による高次の全
体性の成就というかたちをとることもあるかもしれない。そのような類の
超越機能もあってよいのではなかろうか。シャドウに対しては多かれ少な
かれ反発力が働くため、同道を続けるには意識による不断のコミットメン
トが求められる。そのせいか、同性のセルフ像には安定感があることが多
い。なお、本来なら、ここでジェームズ・ヒルマンの「同じものの合一」
（Hillman, 2005）にふれておくべきだが、紙幅の関係で別の機会に譲る。

　今はそれよりも、意識が生み出された目的をあらためて考えてみたい。
ユングは晩年、長きにわたった自身の夢やイマジネーションの探究をめぐ
って、「私の一生は、無意識の自己実現の物語である」と語った（Jung,
1971/1987/1972・1973）。そして、無意識はみずからを克服しようとすると
指摘している（Jung, 1997/2011）。つまり、無意識は、無意識的な状態か
ら脱してみずからを実現するために意識を生み出す。さらには、意識の成
長を促して自分も変容しようとするのだ。いや、「似たもの」の意義を論
じている文脈上、ここでは「生み出す／生み出される」より「分化させる
／分化する」と表現するほうがふさわしいだろうか。

　意識は自然そのものである無意識から分化することによって、原初の心
の全体性に深い傷を負わせた。しかし、そのような危険きわまりないもの
をあえて分化させたのは自然自身であり、無意識自身であるとも言える
（Jung, 1997/2011）。無意識がみずからを克服するには意識が欠かせない。
無意識は、それほどの危険を冒してでも、意識によって存在を認められて
真摯な対話を行うことを希求している。言い換えれば、深くコミットする
意識とのアクティヴ・イマジネーションをしたがっている。

　意識をともなう世界は、それをともなわない世界と質的にまったくちが
う。ユングは50歳頃、東アフリカへの長い旅をし、ある朝、見はるかすサ
バンナのあちこちで草を食む野生の動物たちを目にした。そして、その瞬
間、自分が意識で捉えたことによってそれらがはじめてこの世の存在とな
ったのを感じたと述べている（Jung, 1971/1987/1972・1973）。自然のまった
く無自覚で無意識的な営みが、意識によって存在の次元を一気に変える。

　ユングはこれを「意識の宇宙的意味」と呼んでいる（Jung,
1971/1987/1972・1973）。繰り返すが、人間に意識という反自然的なものを
与えたのは無意識という自然である。だからこそ、ユングは言うのだ。人
間の個性化は、他の生き物のそれとちがって、意識のもっている可能性を
極限まで追求することを課題として含む、と（Jung, 1997/2011）。意識と
無意識の対比にばかりとらわれていては、この課題の成就は覚束ない。
「似たもの」同士としても捉えてみてはどうだろうか。

文　献

Hahnemann, S.（1921）. *Organon der Heilkunst*. Standardausgabe der 6. Auflage. Stuttgart:
　　Karl F. Haug, 2002.（由井寅子（監修）澤元亙（訳）（2007）. 改訂版 医術のオ
　　ルガノン 第6版　ホメオパシー出版）

Hillman, J.（2005）. *Senex and Puer*. Putnam, Connecticut: Spring Publications.

Jung, C. G.（1916）. Die transzendente Funktion, *GW* 8. Olten: Walter Verlag, 1967.（横山
　　博（監訳）大塚紳一郎（訳）（2018）. 超越機能　心理療法の実践　みすず書房
　　pp.163-204.）

Jung, C. G.（1929）. Kommentar zu *Das Geheimnis der Goldenen Blüte*. *GW* 13. Olten: Walter
　　Verlag, 1978.（湯浅泰雄・定方昭夫（訳）（1980）. ヨーロッパの読者への注解
　　黄金の華の秘密　人文書院　pp.31-111.）

Jung, C. G.（1950）. Psychologie und Dichtung. *GW* 15. Olten: Walter Verlag, 1971.（松代
　　洋一（訳）（1985）. 文学と心理学　創造する無意識　朝日出版社　pp.5-55.）

Jung, C. G.（1954）. Zur Psychologie der Tricksterfigur. *GW* 9/i. Olten: Walter Verlag, 1976.
　　（河合隼雄（訳）（1974）. トリックスター像の心理　ラディン他（著）皆河宗一
　　他（訳）トリックスター　晶文社　pp.257-277.）

Jung, C. G.（1955/1956）. *Mysterium Coniunctionis*. *GW* 14. Olten: Walter Verlag, 1968.（池
　　田紘一（訳）（1995・2000）. 結合の神秘 I・II　人文書院）

Jung, C. G., Jaffé, A.（Hrsg.）（1971/1987）. *Erinnerungen, Träume, Gedanken*. Olten: Walter

Verlag.（河合隼雄・藤縄昭・出井淑子（訳）（1972・1973）．ユング自伝1・2　みすず書房）

Jung, C. G., Douglas, C.（Ed.）（1997）. *Visions: Notes of the Seminar Given in 1930-1934 by C. G. Jung*. Princeton, NJ: Princeton University Press.（氏原寛・老松克博（監訳）角野善宏・川戸圓・宮野素子・山下雅也（訳）（2011）．ヴィジョン・セミナー　創元社）

Meier, C. A.（1948）. *Der Traum als Medizin: Antike Inkubation und moderne Psychotherapie*. Zürich: Daimon.（秋山さと子（訳）（1986）．夢の治癒力——古代ギリシャの医学と現代の精神分析　筑摩書房）

老松克博（2004）．無意識と出会う（アクティヴ・イマジネーションの理論と実践1）　トランスビュー

横田隆志（訳）（2010）．現代語訳　長谷寺験記　総本山長谷寺

特別対談

本稿は、2023年4月23日に京都ヘルメス研究所（京都府宇治市）で行われた対談をまとめたものである。

中井久夫先生を偲ぶ

大橋一惠
大橋クリニック

山中康裕
京都ヘルメス研究所

司会　豊田園子
豊田分析プラクシス

中井先生の名古屋時代

　豊田　昨年2022年の８月に、精神医学の世界のみならず、心理臨床の世界においても大きな足跡を残された中井久夫先生がお亡くなりになりました。本日は中井先生を古くからよく知る大橋一惠先生と山中康裕先生に、中井先生を偲ぶお話をしていただくためにお集まりいただきました。

　ここで少し大橋一惠先生についてご紹介させていただきます。大橋先生は精神科医で、土居健郎先生門下の精神分析家ですが、名古屋市立大学の後、一時期、南山大学で教鞭をとられた後は、名古屋ではまだそうしたものが大変珍しかった時代に精神科のクリニックを開業され、長年にわたって臨床一筋に来られています。私事ではありますが、私はスイスのユング研究所に行く前後に、先生のクリニックで心理臨床をさせていただいておりました。そこでは何派などというのはまったく関係なく自由にさせていただいていたことが、本当にありがたかったと思います。

　今回このような対談を企画させていただいたのは、中井久夫先生の晩年に大橋先生が中井先生の病床を訪ねられたときの様子をうかがい、そこに流れた静かな時間を思い、臨床家として生きてこられたお二人の友情に感銘を受けたというのが発端でした。

　また、中井先生が神戸に行かれる以前、名古屋市立大学の助教授をされていた時代（1975〜1980年）のことがあまり語られていない感がありますので、特にそのあたりのお話をうかがえればと、今回のお二人の先生方にお願いした次第です。それは中井先生個人にとっても大事な時代であったのではないかとも思うからです。[注1]

　先生方は大変長く中井先生とはお付き合いがおありだったと思うのですが、まず初めに、どのような形で中井先生をお知りになったのか、そのあたりからお話しいただけるでしょうか。

圧倒された最初の出会い

　大橋　私が中井先生に最初にお目にかかったのは、東京大学の精神療法研究会という、ケーススタディの研究会でした。土居健郎先生がそれを主催していらっしゃったので、通称「土居ゼミ」と言っていました。精神科医、心理士、看護師の方なども含めて、数十人来るような研究会でした。そこで、土居先生や、小倉清先生など、いろいろな方が発言されますから、ケース提供する者にとっては厳しい場所でもあったわけです。

　あるとき、中井先生がそれをされる番になり、中井先生は患者さんとの描画によるコミュニケーションを取るということを大事に考えていらっしゃるので、その描画を何十枚も壁に貼られて、それでケースの報告をされたんです。

　それはもう内容が非常に深くて、生き生きしているし、面白いと思いまして、感心して聞いていました。会が終わって、教授室のほうに戻ると、土居先生が私に「どうだい？　今のを聞いて」と言われたので、私は圧倒されていたので、ちょっと戸惑って、「ユング派の人のアートセラピーのようなこととも通じるものがあるのではないかと思いました」と答えました。すると、土居先生が即座に、「中井さんはナカイアンだよ」と言われて、「なるほど」と思いましたね。それがきっかけで、中井先生ともお話ができるようになりました。

　それと、もう一つ、土居先生がご自宅で、10人ちょっとのメンバーで研究会をやっておられました。それが「水曜会」と名づけられており、月に

1回、水曜日にやっていたんです。私も、自分の分析とスーパーヴィジョンを2〜3年ほどで終えて、その後、土居先生が参加していいと言われたので、行くようになっていました。

そこには、小倉清、飯田眞、広瀬徹也、石川義博、中井久夫、福島章といった先生方がいらっしゃいました。やはり誰かがケースなり自分の考えなりを提供します。それについてあれこれ議論するという研究会で、非常に意味深いものでした。

中井先生の頭の回転は驚くべきもので、土居先生も「中井さんは何でも知っているんだね」と言われるぐらいです。歴史的な見方とか、いろいろな社会的な構造について、特に、後に『分裂病と人類』という論文になるような考えの原型を披露されたりしました。水曜会が終わると、帰り際に、みんなで電車に乗るまで雑談をしました。それがまた非常に楽しかった。

それから、ずっと土居ゼミを通じて、中井先生とはちょくちょくお話ししたりする機会がありました。

山中 私が中井先生に初めてお目にかかるのは、名古屋へ来ていただいた後です。その前は電話だけ。だけれど、その前から知っていたのは、ときどき大橋先生の話に出るんですね。土居先生とどんな話をなさっているのか知りたくて、土居ゼミのことをときどき聞いていたんです。すると、中井先生はあまりに才気煥発な方ですから、必ず名前が出るんですね。私の場合は、風景構成法云々という話を一番大きく受け取っていました。

それはどういうことかと言うと、日本芸術療法学会という学会があって、それに私はずっと出ていました。学会の前身の研究会の第1回のときに、徳田良仁先生が河合隼雄先生をお呼びになった。そのときに、河合先生が講演で箱庭療法の話をされて、「枠があると云々」と、「しかも、枠があるのに、統合失調症の人や登校拒否の人たちは、さらに枠を作るんだよ」ということをおっしゃった。

すると、中井先生は、すぐに、もうその帰り道に、画用紙に枠をつけて、それで、ここがすごいと思うんだけれども、箱庭が三次元なのを二次元に落として、「風景構成法」というのを創案されたでしょう？　それをやっておられることを大橋先生からうかがっていたので、私はさっそく教えて

ほしくて、「先生、教えてください。私もやってみたいです」とお電話していたんです。そういうことで、中井先生が来られる前に、私は風景構成法をもうやっていました。けれども、実際にお目にかかったのは、名古屋へ来ていただいた後なんです。

名古屋への赴任の経緯

　大橋　名古屋へお呼びする経緯ですが、医局は、その３年ぐらい前から、確か助教授までは入らなかったが、教室の講師や助手を選挙で選ぶようにしたんです。ちょうどそういうとき、私はもし中井先生がいらっしゃったらとは思っていたのですが、そう言ったということはありませんでした。

　これは山中先生がお話ししておられるのを私はちょっと前に読んだのですが、選挙をやって中井先生が選ばれて、それでなられたという話だったでしょう？　その通りなんだけれども、実際は、選挙がまだ行われる前に、木村敏先生が私に「大橋君、中井さんといっぺん話してくれないか」と言われたんです。「君、研究会に行っているんだろう」と。「ええ、そうなんですよ」と言ったら、「ぜひ聞いてほしい」と。

　私は「あれ、選挙もまだ終わっていないのに。木村先生はもう決めておられるのだな」と思いましたが、私はそれなりに納得していました。それで、ちょうど研究会があって東京へ行きました。その日、私は少し早く土居先生のお宅に着きました。名古屋からもう一人行っていた平井浩先生と一緒でした。

　山中　先生の同級生ですね。

　大橋　そう、児童精神医学のね。小倉先生に指導を受けたりした人です。

　そこで、土居先生が「どうだい？　名古屋は、最近」と言われたので、私が「実は今度、助教授の選考がありまして、中井先生の名前が挙がっているのですが、木村先生がおっしゃったので、私は今回、中井先生にお会いするつもりです」ということを言ったんです。

　そこへほかの先生たちも来られて、その話はいったん止まっていたのですが、中井先生が来られた途端、土居先生が「中井君、君に名古屋から使者が来ているよ」と（笑）。

あれは、中井先生は驚かれたと思うんですよね。不意打ちのような。ま
あ、土居先生らしいのですけれどね。それで、「ああ、そうですか」とい
うことをおっしゃって、すぐに研究会は進みました。

　そうしたら、傑作な話があって、中井先生はほとんど発言されないんで
す。それで、1時間か1時間半ぐらい経った頃に、奥様がお茶を出してく
ださったときに、「あら、中井さん、いたの。今日はあなたの声がしない
から、お見えでないと思った」と（笑）。これはもう中井先生にぴったり
なね。それで余計に中井先生が戸惑われたのでね。

山中　珍しいですね。でも、それが本当の本当の話なんです。

　ところが、実は、この話に私は少し補足しなければいけません。大橋先
生はすでに南山大学に出ておられて、ご存じないのだけれど、そもそも助
教授の木村敏先生を決めるときが名古屋市立大学という大学での最初の選
挙なんです。その話から始めないとね。教授や助教授を医局員が選ぶなん
ていうことは通常はあり得ないことだから、教授はもちろん選べないけれ
ども、助教授を選ぶ話をちょっとさせてください。

　私は当時、1か月のうち半分は当直をやっていました。医局へ入ったと
きは無給医局員だったから。それで、当直をやっていたら、当時は医局が
そのまま寝室でもあるのですが、ばっと朝5時にドアを開けて入ってきた
人がいました。ヨレヨレの服で、もうどう見ても患者さんです。それが大
橋教授でした。この大橋一惠先生ではなくて、大橋博司先生です。

　ばっと開けて「医局はここかね？」と言われる。私はびっくりして、完
全に患者さんだと思ったから、「医局はここですが、受付は9時からです
けど」と。「いや、わしがそこで聞いたら、医局はここだと言うから来た
んだ」と言われるので、私は「ああ、そうですか。すみません、ちょっと
お待ちください」と言って。

　そうしたら、そこのソファに座られて、本を読み始められたんです。ミ
ンコフスキだったか、アンリ・エーだったか、フランス語の本なんですよ。
「フランス語の本を読む患者さんか」と思って（笑）。それで、ちょっと見
ていたら、「あっ、ひょっとして大橋教授かもしれん」と。ちょうど大橋
教授が赴任される日だったんです。

豊田 そんな早くに来られた。

山中 「あっ、大橋先生ですか、ひょっとして」と私が言ったら、「そうだが」と言われて、むっとされて。患者さんと間違えていたということも、当然ながら、もう察知されていますよね。それで、「はっ、失礼しました」と、完全に飛び起きて、白衣を着て、電気を点けて。

先生はほとんど話をなさらず、ずっと本を読んでおられたのですが、「君は誰だね？」と言われたから、私が名乗りますと、「ここの医局員かね？」と言われたから、「はい、そうです」と。「わしは、悪いけど、4年経ったら京大に戻ることが決まっとる人間だ」と、1日目にそう言われたんです。

そんなことは聞いていませんでしたが、先生は、「誠に申し訳ないと思っているけれど、そういうことなので、助教授をここへ置かなければいけないが、次にわしが京大へ戻った後に教授になってもいい人を助教授に選んでくれんかね」と言われたんです。

当時、医局長は水野政康先生という方でしたが、もちろんそれは医局長を通さなければいけないし、私のようなペーペーの人間が決めることではありません。「わかりました」と、「とにかく医局長に話をしてみます」ということで、結局、私たち医局員がお選びすることになったのです。そのときは本格的な選挙で、あっちこっちで手分けして、まず15人選出しました。

それで、私は今でも覚えているんだけれども、広島大学の教授になられた更井啓介先生、信州大学の教授になられた吉松和哉先生、それから、新潟大学の教授になられた飯田眞先生、長崎大学の教授になられた高橋良先生、そして木村敏先生の5人に書類選考で選んで、みんなで3本ぐらいずつ論文を読んで、お選びした経緯があるんです。

大橋 なるほど。

山中 木村敏先生は、そのときはドイツのハイデルベルクにおられて、例のDepersonalisation（離人症）のドイツ語論文など、全部ドイツ語ばかりなんです。だけれど、その離人症の論文がすごい論文なので、みんなもうほとんど一致して木村敏先生をお呼びしたんです。

　ところが、木村敏先生が赴任されて、私たちが陪席と言って、診察を見せていただくわけですが、私の目には先生が治療者には見えなかったのです。

　大橋　（笑）。

　山中　何だか難しいことばかり患者さんに聞かれる。そして、2回目にはその患者さんが来ない。私は直観的に、「ああ、この人は治療者としてはダメだ」と思いました。「ああ、こんな臨床家じゃない人は困る」と。その4年後、大橋教授は約束通り木村先生を教授にしてくださったので、私は木村敏先生に詰め寄りました。「先生、誠に失礼な言い方ですけれど、先生は学者としてはドイツで認められるほどの第一級の方だけれども、治療者じゃない」と。「なので、僕らに治療者を選ばせてください」と。

　もうそのときから、木村先生は中井先生のお名前をご存じでした。だから、木村先生のときは15人から始めたけれども、中井先生のときはほとんど最初から1人です。

　私は、中井先生がなられることはもう間違いないと思ったのですが、土居先生が「うん」と言ったことはなかったと思います。それで、大橋一惠先生が使者として行かれたんですね。

　大橋　まあ、土居先生は賛成でしたよ。後日、「名古屋は精神病理学のメッカだな、君」と、「笠原（嘉）さんだろ、木村さんだろ、中井君だろ」とおっしゃったんです。

　だから、中井先生がなられることを止める意味はなかったと思いますね。それで中井先生にお会いして、2〜3時間話しました。名市大の医局の状況とか、研究や臨床は自由にやれるとかというようなことを説明したら、「これは十分考えてみます」とおっしゃって、結局はよかったんですけれどね。あのときは、もう向こうで半分知り合いになっているから、中井先生の気持ち、立場ということも考えながら話したつもりです。

赴任直後の傑作エピソード

　山中　中井先生が赴任されてからは、何が大変かと言ったら、家探しです。大橋一惠先生は南山に出てしまっておられるので、私の家に泊まって

もらったんです。２週間近く、10日ぐらいだったかな。なぜかというと、私のマンションが大学病院の隣だったからです。

大橋　近かったからな。

山中　とても便利で、タクシーでいちいち送り迎えしなくてもいいから、それで、家探しにずっと付き合ったんです。

大橋　私もやりましたね。不動産屋まで一緒に行って。

私は、あのときに、こっちが世間知らずだと思ったのですが、中井先生は家が決まると、近くの交番へ挨拶に行かれるんですね。私は、「ああ、そういうことをやるものなのか。自分は交番へは何もしなかったな」と思って。「あれは、東京なんかだとするのかな」と思ったんですけれども、ご本人には特に訊きませんでした。別に何か特別にしてくれという意味ではないけれども、交番に挨拶しておくというのは、あることなんですね。

山中　とにかく傑作なことがいっぱいあるんです。うちに泊まられて３日目ぐらいかな。家内が医局に電話してきて、「黄色いパジャマがないんだけれども、中井先生に訊いてくれる？」と。黄色いパジャマというのは、私が着ていたものですが、もちろんちゃんと洗って中井先生に着てもらっていたんです。「中井先生、家内がパジャマを洗濯したいと言っていますが」と言うと、「僕、パジャマなんか着ていないよ」と。だけど、見えているんですよ（笑）。

大橋　シャツだと思った（笑）。

山中　「先生、着ていないよとおっしゃっても、僕には見えるんですけど、ここのこれは何ですか」と私が言ったら、「おっ、パジャマを着ていたのか、僕は」と、とにかくそういう話ばかりです。

家は７軒ぐらい回って、とうとう見つけました。

大橋　ああ、見つけた。

山中　それで手付金がいるのですが、当時の、50年前のお金で80万円。そうしたら、急に、「山中君、ハサミはあるかね」と言われたので、「えっ、刺されたら困る」と（笑）。「話が違うじゃないか」と、中井先生がいきり立たれるのかと思って、一瞬ひるんだんだけれども、とにかくハサミをお渡ししたんです。そうしたら、背広を開けて、ジョキジョキと胸の所の内

側を切られたんです。糸でくくってあったんです。

大橋 お金がね。

山中 ええ、80万円。私は、「はあ、よかった」と。「先生、何をされるんですか」と。すると、「ここから金を出すんだ」と。それで手付金をお渡しになって、家が決まるんですけれども、泊まっておられる10日ほどの間、とにかくもうこんなエピソードばっかりなんです（笑）。

秘密結社のような「中井学校」

山中 中井先生が医局の助教授になられて、そのあたりは、先生、何かお話しくださいよ。

大橋 いや、私はその後は南山大学へ出ていたから、医局でのことはあまり知らないんだよね。

山中 そうなんだ。

大橋 ただ、昭和50年（1975年）卒の新入医局員というのがあって、精神科へ7人ぐらい入ったのかな。そこは、滝川一廣君なんかの学年なんです。滝川、中里均、滝川典子夫人、向井巧、城所輝夫、桜井昭夫、竹谷一雄の7人ぐらいでね。もう中井先生にぴったり教育を受けました。

それで、秘密結社みたいに、今のメンバーの中の数人と、私と、山口利之君と、長谷川雅雄君と、中井先生と、7〜8人の雑談するグループができたんです。滝川君の家に集まって、こちらから中井先生に横着な質問もするし、冗談も言ったり。これはもちろん心から信奉していたわけではないけれども、血液型の話で、「彼は何型だね」とかと言ったり、ケースの話だったり。

それから、リュムケという精神病理畑の人のプレコックスゲフュール（Praecox-Gefühl）というものを紹介されたのですが、それまでの紹介者は誰もリュムケの原文を読んでいなかったようです。

山中 オランダ語です。

大橋 それで、中井先生がそれを取り寄せて、滝川君たちに全部読ませて、「ここで言っているのはこういうことなんだ」と。そういう勉強の仕方でもありますね。

　そういうことをやっていて、私が冗談で言うものだから、中井先生が「先生好みの秘密結社だね」と言われたことがあるのですが、それは、ものすごく大事な時間だったと思いますね。

　中井先生は、東京時代には精神科医になったばかりで、いろいろな歴史的な知識を得たり、ケースをたくさん見られたり、病院にも勤めておられた。名古屋へ来られてからは、今度は、翻訳はこうやってやるものだとかいうように、それを誰かに伝える、教育するということをされた時期だったように思います。

　その会には名前がついていて、滝川君が当時住んでいた町の名前が会の名前になっていました。この話は、私はたぶん今まで誰にも話していないと思います。いいアドバイザーだったと思います。ちょっと青年期の人たちが何人か集まって、ワイワイやっているような感じもあってね。そういう意識だったのではないかという気がしています。

　山中　いや、私どもにはめちゃくちゃ羨ましかったんです。

　大橋　ああ、そう。

　山中　特に今お話に出た滝川君とか、向井君、中里君、竹谷君、城所君、桜井君、彼らはみんな中井先生に完全に心酔しちゃったんですよ。もう当然のことなんだけれども、あまりにすごいから。手取り足取り、中井先生のケースの見方から何から全部、もう中井シンパができちゃったんですよ。

　大橋　「中井学校」かな。

　山中　そう、「中井学校」。ナカイアンという人たちがね。私どもはその中に入れてもらえないんですよ。先生は加わっておられたんですね？

　大橋　うん、入っていたね。

　山中　東京以来の仲間だから、当然、先生はお入りになってもおかしくなかったんだけれども、私たちは指をくわえて、いつもね。結局、中井先生を遠巻きにしていました。だけれど、私は何で学んだかといったら、自分でわざと診察室を中井先生の隣にして、中井先生が診察しておられる隣で診察するという方法です。中井先生がどんなふうに診察なさるか、全部聞こえるわけです。

　ところが、中井先生ってひどいんですよ。「僕は小さい声だから、何も

聞こえていないだろう」と。でも全部聞こえるんです。しかも、大きな声だもの。もうねえ、中井先生は、不思議なことに、いろいろ患者さんに話をすることがものすごく多くて、「えっ、こんなに患者さんと話をしていいんだ」と思ったのも、中井先生の隣についてからなんです。

　大橋　先生は、声が少し高いものね。

　山中　その後、大橋一惠先生が南山大学を辞められ、私が南山大学に出たので、それもできなくなったと思ったら、君は非常勤講師としてケースは診ていいからと木村敏先生もおっしゃってくださったので、それで、ずっとその後もいることになるのですが。

エレンベルガー翻訳の大仕事

　山中　そのときの一番大きな仕事がエレンベルガーですね。

　大橋　そうですね。

　山中　アンリ・エレンベルガーの『無意識の発見』の翻訳の話が来たんですよね。私はそのうちの第9章のユングを引き受けて、大橋先生は第7章のフロイトでしたが、200ページを超える章だったので、割られたんですよね。

　大橋　半分になった。

　山中　ちょうどあれを訳していたのが、中井先生が名古屋におられる5年間だったんです。

　大橋　そうですね。あれはもう真っ赤です、真っ赤。

　山中　本当にもう真っ赤です。400字詰め原稿用紙に英文から訳して中井先生にお渡しするでしょう？　するとすぐ見てくださって、戻ってきたらショックですよ、真っ赤で。400字の中で、黒いままで残っていたのは10字あるかないかです。

　ところが、直してあるのを見ると、「確かにこのほうが絶対わかりやすい。すごいな、こんな訳があるんだ」と思って、もうどれだけ勉強になったか。

　大橋　あれは、でも、木村先生と中井先生の、何というかな、競争もあっただろうね。

山中　はい、もちろん。木村先生は私たちの下手な訳稿を見たくないんですよ（笑）。そんなごちゃごちゃと時間を取りたくない。いつも言われるのね、「僕は一気呵成に仕事をする人間だから」と。ちょうど著者自身によるドイツ語版が1年後に出たんです。木村先生は英語よりもドイツ語のほうがお得意なので、「僕はね、ドイツ語でやるよ」と、ドイツ語版1,000ページを一人で読んじゃったんです。それで、訳して、「中井君、これと突き合わせてくれたまえ」と、後はもう知らん顔ですよ。中井先生は、木村先生の訳されたドイツ語版と、私たちの下手くそな英語からの訳とを全部突き合わせてくださいました。

　索引を作るときは、「山中君、ちょっと手伝ってくれる？」と言われて、私はロシア語が読めるものだから、ロシア語の部分を手伝いました。「えっ、先生、なんでこんな索引をつけるんですか。ロシア語なんか原文にほんのちょっとしか出てこないじゃないですか」と言ったら、「いや、エレンベルガーの奥さんがロシア人だから、奥さんが見てね、『これ、素敵だわ』と言われたら、エレンベルガーも喜ぶから」とおっしゃるんです。中井先生って、本当に、すごい人でしょう？

　エレンベルガーが医局に来られたときにこれを見て、「僕は、日本語は読めないけれど、ドイツ語も、フランス語も、英語も、ロシア語まで索引ができている、こんな翻訳は見たことがない」と。地図までついていましたよね。「ここまで完璧にやれるのは、よほどすごい翻訳だと思う」と、エレンベルガー自身が言うぐらいです。

　とにかくあの5年間があったおかげで、翻訳というのはどういうふうにするものか学びました。中井先生は手取り足取りではないんです。全部真っ赤になって返ってくるものだから、初めは赤面するばかりで、「へえー、そんなにひどい訳なんだ」と思っていたんだけれども、全員そうなんですよ。大橋先生ですら。

大橋　もちろん。私はフロイトの章を半分やることになったが、あれは、量もあるけれども、もうそれ以上行かないと思われたからだと思う。だから、後半、一気に訳されたのだと、内心、そう思っていますよ。こんなペースで時間をかけていたら終わりゃあしないからというのがあったと思う

（笑）。

山中 いずれにせよ、エレンベルガーを選んだこと自体がすごく大きかったですね。だって、あの翻訳が出たことによって、日本の精神医学史の捉え方に骨が、バックボーンができたわけですから。私たちは結局1,000ページの本を読んだことになりますが、あれで私はすごく勉強になりましたし、中井先生がどんなふうに直されるかということもわかりました。

大橋 そうだね。あの翻訳のときは、もう恥ずかしさってなくなりますね。もうどうしようもないという感じ。だから、最後の頃は「直していただけるんだからいいや」と思ってやるという（笑）、横着な心境にもなっていましたね。あれは本当に大きいことでした。

だから、私は、中井先生の名古屋時代は、こうして後輩を持って、教えるとか、伝えるとか、そういうことをされた時期ではなかったかと思います。ついでに言うと、神戸に行かれてからは、もっと社会的なこと、阪神・淡路大震災とか、連続児童殺傷事件のＡ少年のことがありました。

「本当に現場でやる」ということ

山中 先生は、中井先生から何を一番学ばれましたか？

大橋 一番と言われると難しいのですが、やはり「本当に現場でやる」ということですね。名古屋時代で一つ、助教授という立場もあったでしょうが、学生からSOSが入るんです。そうすると、すぐに誰かを呼んで、「君、今日の午後、何か予定あるの？」とか言われて、「別にないですけど」と言うと、「じゃあ、来てくれないか」と。学生の下宿への往診です。中井先生は運転ができないものだから、山口利之君なんかは患者さんの家へ乗せて行ったりしていました。その際に、そういうときには必ずパンかチョコレートを食べておくということを書いておられます。こういうことが書いてあるのが私はうれしくてね。サイコセラピーでも、教科書のような本はたくさんありますが、実際に生でやるというときに、「腹が減っては戦ができぬ」ではないですが、先に何か入れておくと何時間でも大丈夫だという。本当にやっている人というのはこうなのです。

私も１例あります。ある遠いところから来ていた医学生が自殺を図りま

した。家族は遠いものだからすぐ来られないでしょう？　そこで、中井先生が私に言われて、私がそのまま下宿へ行きました。あの頃、掘りごたつのようなものがあって、そこにこう硬い顔をしている。水を飲むぐらいのことで、6時間ぐらい、二人でずっと過ごしました。

　ああいうことは、中井先生がおられて、一緒にやったりしたから、ものすごく大きかったですね。書いてあることだけは立派というと悪いけれども、そういう人も中にはあるじゃないですか。精神科病院で、患者さんはずっと慢性病棟で変わらない状態でいるけれども、こっちでは症例が何とかで、えらく論が展開されているということはありますよね。そういうものではない、実際に野戦病院みたいにでもやるというところがすごい。

　こういう依頼を受けていたとき、一度ひどく怒らせたことがありました。何時に来てくれと言われていて、車で行ったのですが、信号のことやなんかでちょっと遅れたんですね。そうしたら、待っておられて、それをぴしゃっと言われました。まあ、そういうのは懐かしいというか、うれしいよね。

誤植と訳語の問題

　大橋　懐かしいことと言えば、実は1回だけ、中井先生の誤植を見つけましてね。

　山中　ほう、何の誤植ですか。

　大橋　先生はもう神戸大でしたけれども、ちょうど校正をやっておられるとき、『僕の村は戦場だった』という映画作品の監督を、セルゲイ・ボンダルチュクと書いてあったんです。それで、「先生、『僕の村は戦場だった』は、タルコフスキーだと思いますけど」と言ったら、「ああ、そうだった。そうだったね」と言って、さっと書き換えられた。あれはちょっとうれしかったですね（笑）。

　これがどの著作に入っていたか全然知らなかったのですが、不思議なことに、なぜか偶然、昨夜、見つけたんですよ。「現代ギリシャ詩人の肖像」（『隣の病い』ちくま学芸文庫）という文章の中にあるんです。「私には、彼の詩は、そう、強いていえば『ぼくの村は戦場だった』のタルコフスキ

ーの映像を私の中に喚起するのである。共にエイゼンシュテインの精神的弟子と言ってもいいだろう」と。この「タルコフスキー」を「セルゲイ・ボンダルチュク」と書いておられた。それだけのことなんです。

山中　私は先生の誤植発見で、ものすごく怒られたことがあります。それまでニコニコと優しい顔で話しておられたのですが、「先生、ここ誤植なんですけど」と申し上げたら、「うんっ」と、「お前なんかにわかるもんか」という顔でね。それはオディッセアス・エリティスの詩集の誤植だったんです。「先生、これ、ルシファーというのは、宵の明星のことで、先生が言われるような悪魔と全然違うんですけど」と申し上げたら、「わかっておる」と、「もう君と話はしない」と。1週間ぐらい話をしてもらえなかった。

大橋　へえー。

山中　もちろん、当然ご存じだったんだけれども、当然過ぎてね。ルシファーというのは2つ意味があるんです。宮崎駿の『ハウルの動く城』という作品にルシファーが出てくるでしょう。火の精として、あの作品ではいい子なんだけれども、西洋の伝統では、実はルシファーはもともと悪魔として使われたことが多いんです。それで、中井先生は「悪魔」と書かれたのですが、「先生、こんなところに悪魔が突然出てきたら困るので、これは宵の明星と訳したほうがわかりやすいと思うんですけど」と申し上げたら、もう怒られてね。これは、誤植は指摘しちゃああかんのだと。

大橋　（笑）。

山中　私が対抗しているような気持ちでおられたんでしょう。私は教えを受ける立場だということは今でも変わらないつもりですが、こういう人間だから誤解されるんですね。

だけれど、私はマイケル・バリントのベーシック・フォールト（basic fault）を「基底欠損」と訳されたのは今でも納得できないんです。もちろん「基底欠損」という訳が間違っているという意味ではありません。だけれど、フォールトでしょう？　フォールトなんて、テニスではダブル・フォールトをしたって、別にそれで1点取られるだけ、ボールが外れただけのことであって、悪い意味は一つもありません。

　しかし、「欠損」としてしまうと、ボールがなくなってしまう感じだし、しかも中井先生お得意の領野だったので余計なのですが、フォールトは地質学で「断層」と訳されているんです。それで、「先生、基底断層としてほしいんですけど」と申し上げたら、もうそのときは1か月ぐらいしゃべってくださらなかった。

　だけれど、もうねえ、それを除いたら、あの先生ほど物事をよくご存じの方はおられません。文化的背景から、そこにいた人物の人数まで、状況から何から、戦争があったら将軍やら何やらと、もう何もかもご存じなのです。土居先生すら舌を巻かれるのは当然ですよね。

読みやすく美しい文字

　大橋　あとは、ちらっと感じたのは、子どもさんたちに対してものすごく丁寧ですね。「何とかちゃん、パパにできることあるかい？」というような、そういう会話なのね。私なんかはもう下品だから、「何かやってほしいことはあるのか」とか言ってしまうところがあるけれども、そういう会話でしたね。

　豊田　ご家庭も大事にされていたということですね。

　大橋　そうですね。でも、奥様が大変だったのは、患者さんがとにかく長時間の電話をしてくるんですよ。特に、患者の立場から精神科医に鋭い批判をしていた人がいて、その人は私も診たんですけれども、中井先生には一目置いていて、ずっと中井先生が診ていらっしゃったんです。その人は、電話が2時間とかそういうふうになるんですね。これは奥様が大変だったと思いますよ。

　患者さんの葉書などには必ず返事を書かれるでしょう？　今日も思いついて、1枚だけ持ってきたのですが、中井先生らしいと思って。これ。

　豊田　細かい字ですね。

　大橋　すごいでしょう。

　豊田　ちょっと拝見します。ああ、この絵もご自分で描かれているんですね。

　大橋　そうそうそう。

　山中　中井先生は、非常に美しい字ですね。木村先生もものすごく達筆です。ところが、河合隼雄先生はひどいんですよ。とてもじゃないけれど、いわば折れ釘流で、普通の人にはまず読めないんです。

　大橋　（笑）。山中先生はうまいからね。

　山中　いやいや、中井先生や木村先生にはとても敵わない。私も葉書はたくさんいただきました。ねえ、女性の文字みたいでしょう？

　豊田　そうですね。

　山中　私は「女文字」と呼んでいて、中井先生に申し上げたことはないのですが、非常に読みやすくて美しい。木村敏先生は達筆なんです。いわゆる昔流の達筆です。土居先生もまた達筆なんです。細いペンでね。土居先生のお姿と、あの明晰なしゃべり口と、ぴったりの文字なんですよ。

　大橋　土居先生は、すぐ返事が来るんですよ。それで、私は恐怖症です。こっちが書けなくなっちゃう（笑）。

クリニックの設計と開業祝い

　大橋　私が開業したとき、中井先生にクリニックを設計してもらったというか、それも大きかったですね。

　豊田　中井先生の設計された通りに作られたのですか。

　大橋　部屋割りはね。私も、入口はこちら、出口はこちらと分けたいというふうに思っていたので、自分の希望を言ったんですね。そうしたら、「それはいいね」と言われて、「人は右回りに動くほうが動きやすいというから、診察を受けて、右回りで受付に行って支払いを済ませて、処方箋をもらって帰るという、右回りがいいよ」と言われて。それから、椅子などは、金属とかそういうものは使いたくないので、籐椅子にしたんですね。それは私の希望を容れていただきました。

　それで、山中先生が開業のときにくださったランプは、今もまだあります。中井先生のタツノオトシゴのモビールと、土居先生のギリシャ人女性のレリーフと、私の面接室に今もあります。

　中井先生は、開業のときに、「何かいるものない？」と言われて、「いや、別に何もいただくようなものはありません」と言ったら、ふっと持ってこ

られたのがタツノオトシゴのモビールでした。「以前、タツノオトシゴが好きだと言っていたよね」と。

豊田　覚えていらっしゃったんですね。

大橋　「タツノオトシゴは、オスが子育てをするらしいよ」と、その前のときに言われましてね。私は、子育ては全然ダメだけれど。

山中　中井先生ってタツノオトシゴがお好きでしたね。それとクジラ。「もし動物になるとしたら何になる？」とよく聞かれて、「動物……」と、ちょっとこう考えていると、すぐ「僕はね、クジラかタツノオトシゴだ」とおっしゃっていた。

大橋　私は「タツノオトシゴだ」と言ったら、「どうしてだ？」と聞かれるから、「いや、海の中でふわふわしていて、深いところでのんびり暮らしているみたいだからいいです」と（笑）、「安逸を好むからいいです」と言いました。

豊田　そもそも中井先生にクリニックの設計をお願いしようと思ったのは、なぜだったのですか？

大橋　開業するものですから、何か工夫したいと思って、自分なりにも考えていたんです。最初の部屋のとき、中井先生が一緒に見てくださって、この辺をこうして、とやったのですが、そのビルの中の別の借り主が、「精神科なんかが入ったら、クレイジーな人がビル内をうろつくぞ」とか言いまして、反対したんですよ。それで結局、別のビルに変えたのですが、そこも中井先生に見ていただきました。何かそういうことがお好きなようだから。患者さん同士の視線が合わないように椅子や観葉植物の配置を考えたりしました。

豊田　お好きなんですね。

大橋　だって、神戸大学の精神科病棟を作られたでしょう。すごいよね、あれ。庭まで含めて設計されたんでしょう？　あれは「縦長の窓がいい」と言って、そういうふうになっているからね。役人にモデルを作って見せたんですね。人間まで作って。神戸へ行かれてから、もちろん臨床もやっておられるけれども、もっと広い感じはありますね。

山中　ええ。でも、なかなか神戸の方々は、中井先生の言う通りには動

かれなかったみたいですね。高宜良先生など何人かは中井先生のやり方で
やっておられる先生もいらっしゃるんだけれども、ほとんどそうではない
ですよ。神戸では、中井先生ご自身はお寂しかったみたい。

　大橋　ああ、そうですか。

ケーススタディの研究会

　山中　ほかに中井先生のことで何か思い出されることがあれば、ぜひお
聞きしたいのですが。

　大橋　中井先生が名古屋から離れられてからも、研究会には来てもらっ
ていました。大学へ行くのは嫌だけれども、私の診療所でやっているケー
ススタディには行けるよと言われて、ずっと来てもらっていたんです。そ
れは、初めは、まだ若いときに、私や山中先生が一緒に始めたんだよね。

　山中　はい。あれはとても勉強になったし、いい会でした。必ず15人ぐ
らい集まってくれて、先生の診療室を、もう１部屋開放していただいて、
やりましたね。それは本当に臨床的な勉強になって。

　豊田　そういう意味では、本当に名古屋が、中井先生の臨床にとっては
大事な場所なんですね。

　山中　はい。だから、精神病理学だけのメッカではなくて。

　大橋　ああ、そうだね。

　山中　笠原嘉先生は名古屋大学の教授でしょう？　実は大橋博司先生の
前の教授が白血病で亡くなってしまわれて、その後、藤縄昭先生と、笠原
先生と、荻野恒一先生と、４人の先生が交替で来てくださったんですよ。
その先生方はみんな、笠原先生ももちろん臨床家としても第一級の方なん
ですけれども、木村敏、笠原嘉、藤縄昭だったら精神病理学ばかりじゃな
いですか。

　それに比べて、中井先生、大橋一惠先生、それに私がうかがって、本当
に治療的な精神療法を勉強する。事例研究も本当にそれに属するという形
で勉強できたのは、あの会でしたね。

　大橋　そうだったね。中井先生は、しかし、京都がお好きでないようで
すね。「列車で通っても頭が痛くなる」と言われたことがある。京都は、

要するに、最初の眼科医の頃のことがあったから。

山中　そう。

大橋　研究所時代のことがあったんでしょう。

山中　はい。中井先生は全然京都学派を重要視されないんです。内科と、眼科と、精神外科と、心療内科と、何かいくつか考えられて精神科へ来られたとおっしゃっていますが、私は、あの人がこの世界に来られなかったら、日本の精神医学などとても今のレベルに来ていると思われないぐらいに思っているのです。いつも褒め過ぎだとみんなに言われるのですが、褒め過ぎではありません。

豊田さんんなんかは、どんなふうにご覧になっているのか、聞きたいですね。

豊田　そうですね。やっぱりすごい。まず、エレンベルガーのあの本でどれだけお世話になったかというのはありますね。あれがやはり本当に基本というか、何かすごくどっしりと。

山中　あのエレンベルガーを選んだのは、実は木村敏先生なんですよ。

豊田　そうなんですか。

山中　出版社から頼まれたのか、先生ご自身がお選びになったのかはわからないのですが、木村敏先生が先なんです。それで、「中井君、手伝ってくれないか」と中井先生に言われて、私たち弟子が下訳をやったというのが英語のほうからです。木村敏先生は、とにかくみんなと一緒にやりたくないので、ドイツ語でばっと一人でなさった。

あの本によって、私たちは、精神療法というものはどこから来て、どういう形を取っていて、外国ではどうなっているのかということが歴史的な背景も含めて本当によくわかったし、すごくうれしかったです。

大橋　うん。あの本は、土居先生もすごくいいと言っておられたのでね。

豊田　中井先生をお呼びしていた研究会は、いつぐらいまでなさっていたのですか？

大橋　回数は減りましたけれども、今も細々と続けています。中井先生は、最後の2〜3年ですか、もう動かれなくなってしまわれたでしょう？こちらから10人ぐらい、あそこの老人施設へ行って、やったこともありま

す。

　山中　私も何度かお呼びくださってね。楽しい会でした。精神療法をきちんと基礎から、事例を元にして話し合うという会でした。

　大橋　最近の精神医学は、時間というか、あまり成り立ちを考えませんね。現象だけを見ているでしょう。ああいうのはどうかと思うし、頼りないんじゃないかと思いますね。もうあまり家系図なんかも書かないでしょう。

　研究会は、中井先生の所に押しかけで、神戸まで行った回も３〜４回はあったんじゃないかな。あるとき、あまりお加減が良くないみたいでね。あそこの部屋へ行かれたことはありますか。ちょっと下がっていくと、山が見えるんです。そうしたら、「あそこに墓場がある」と言われてね。「土居先生もいらっしゃるし、誰もいらっしゃるし」というようなことを言われたときもありましたね。

　最後は去年の３月に行ったときで、このときはもう一言も話されなかった。ただ、あそこに入居された頃は、元校長とか、元船長とか、そういう人がこういうお話をするんだとか、そういう感想をどこかで漏らされていましたね。

　豊田　その老人施設にはいつぐらいにお入りになったのですか？

　大橋　あれは何年ぐらい前ですかね。最初は奥様が入っていらっしゃったんだよね。

　山中　はい、そうです。奥様が少し認知症になられて。中井先生はそれを全然厭わずに、初めは自宅から通っておられましたが、奥様を隣で介護できるということで、その後、自分自身も入ってしまわれました。中井先生ご自身は、何も認知症の症状はないですよ。奥様のために入られたんです。

中井先生も万能ではない

　山中　奥様のことで思い出すのは、これはどこかに載ったので、同じことを言いますけれども、あるとき、奥様が愚痴を言われるんです。「山中先生、ちょっと聞いてくださいよ」と。「何でしょうか」と言ったら、名

古屋の家は、奥様は気に入っておられなかったのです。というのは、中井先生は奥様に何も相談されずに決めてしまわれたから。「今度の神戸の家は、設計段階から関わると宅が言うものですから、私は、朝に目覚めたときに朝日が見たいから、『私の部屋は東側にしてね』と言ったのに、できてみたらね、西側なんですよ」と、「夕日しか見えない」と。それで、「中井先生は地図を描くのがお好きで、あれだけしっかりした地図を描かれるのに、どうなっているんですか」と言ったら、「いや、僕としては……」と、それでずっと話を聞いていくと、西と東が逆さまなんです。「道のすぐのところだから、当然こちらから太陽が来てしかるべきなんだ」とか先生はおっしゃるのですが、全然違うんですよ。

　大橋　中井先生は、地図を描くのがお好きだったね。

　山中　特にすごいのは、ここのレストランはカツがうまいとか、ここはステーキが安くておいしいとか、もう細かく書いてあるんですよ。店の名前から。学会をやると、それを２枚ぐらい付録でつけるんです。中井先生がお作りになった地図はすごく評判が良くて、そういう非常に細やかな配慮ができる方でした。

　ただ、ちょっとそこら辺でもう一つ話をすれば、先生は植物がお好きなので、私はコブシを３回差し上げたのですが、３回ともコブシが死んじゃうんですよ。中井先生はいろんなことをご存じで、植物を育てるのもお上手かと思ったら、全然、下手くそなんです。お水のやり方もまったくわかっておられない。ちょっとびっくりしました。「コブシが好きだよ」と言われたから、コブシを３回差し上げたんだけれども、３回とも１年も持たないので、これはダメだと思いましたね。

　豊田　やはり、どんな方でも万能ではないということで（笑）。

　山中　そう、万能ではないんですよ（笑）。あまりにあれもこれもでき過ぎてしまわれるけれども、そういう疎漏があってこそ、それでやっと「ああ、中井先生も人間だ」と思うじゃないですか。

　豊田　そうですね（笑）。そこが大事ですよね。

　大橋　確かにそういうところがあるよね。

超人並の仕事ぶり

　豊田　ただ、やはりお仕事ぶりにはちょっと超人並のところがあったのでしょうね。

　大橋　あったと思いますね。『分裂病と人類』なんてそうでしょう。あれは水曜会で発表されたことがあって、特に2番目の森鷗外のところをね。そのときに、みんなも感心はしていたんだけれども、中井先生が思っておられるほどの評価ではなかった。

　それで、帰り際に、「どうもあれは、もうひとつかね」とおっしゃられて、「いや、そんなことはないと思いますけど」と言っていたんだけれども、それでも、勢いで、まとまっている本では3つぐらい一緒になっています。

　そういう感じのものがありますよね。調子に乗って。これは土居先生が一度言われたんだけれども、「中井さんが偉いのは、調子が上がっても質がまったく落ちないことだな」と（笑）。水曜会をホテルでやって、エレベーターは別々に分かれて乗ったときに、私は土居先生のほうに乗っていたのですが、そのときのことでした。そう言われれば、確かにそうだと思いましたね。単なる躁状態だったら質が落ちるでしょう。

　山中　私は、今の話は初めて聞きましたが、中井先生の隣で診療をやっていて、困ったことがあったんです。御飯を食べる時間がないんです。

　中井先生は9時から診療を始められて、ずっと3時頃まで御飯を食べられないんです。トイレにも立たれない。それで、あるとき、患者さんが3時頃に、私のこととして「先生、御飯食べたか」と言うんです。いや、隣の先生が食べにいらっしゃらないから、お腹は空くけれど、食べずにやれという意味かなと思ってやっているというようなことを言うと、患者さんから、「御飯を食べなくて頭が空っぽの人なんかに診てほしくない」と言われて。

　大橋　うまいこと言う人だな。

　山中　それで、中井先生に「先生はいつ御飯を食べられるのですか？」と聞きました。そうしたら、「僕は毎日食べているよ」と。ビスケット。このくらいの包みの中に40枚入っているビスケットを、ボリボリ、ボリボ

リと、患者さんが1人帰られると食べてはおられるんです。だから、お腹は全然空いておられないんですよ。

　そんなことは私は知らないものだから、お腹がどんどん空いてくる。それで患者さんに怒られて、御飯を食べる時間を、休憩を取るようになったんです。中井先生はお取りにならないと思ったら、お菓子を食べておられたんですよ。

　豊田　往診にいらっしゃる前のチョコレートとかも、そうですね。

　大橋　そうそう、そうだね。

　山中　そういうことやらいろいろ、とても全部真似はできないということがわかった（笑）。

　それと、意外としゃべられるんです。患者さんの前で独り言を言われる。ぐるぐるのスクイグルをやって、「これは何に見える？」と、それで患者さんが「うーん、何に見えるって言われたって、困るんだけど」とか何とかボソボソと言っているのが聞こえる。そして中井先生がぶつぶつぶつと独り言を言われる。「これはキツネにも見えるし、タツノオトシゴにも見えるし」と。こうして中井先生がアイデアを出しておられるので、患者さんは「あっ、タツノオトシゴだったらありです。それにします」と。

　私は、「先生、ちょっとあれ、いろいろ言い過ぎじゃないですか」と申し上げたことがあるのですが、そうしたら、「君は僕のことを聞き耳を立てて聞いているのかね？」と言われるから、「いえ、聞き耳なんか立てなくても聞こえるんです」と申し上げたら、「そうか」と。そして、「大体、僕はほとんどしゃべらない人だから」と言われる（笑）。

　大橋　（笑）。

　豊田　（笑）。

　山中　「えっ、いつもしゃべっておられるので、もううるさくて、実は診療に困るんですよ」と私が言うから、お笑いになるけれども、でも本当なんです。中井先生ご自身の認識としては、「僕はずっと黙って聞いているだろう」とおっしゃるのですが。そういうところはちょっと面白かった（笑）。

　大橋　なるほどね。

　山中　私が南山へ行ったときでも、ずっと火曜日と木曜日だけは、私の児童外来の担当だったので。

　大橋　ああ、外来をやられていたんですよね。私はやっていなかった。

　山中　ずっとそれは行っていましたから、そのときに中井先生はおられるので、いつでも隣だったのです。でも、本当に細やかだし、木村先生のやり方とは、また全然違うんですね。木村先生は、突然、統合失調症の、当時は分裂病と言いましたが、分裂病の分裂病臭さというのがうわっと出てきたときに、ぐわっと入られるんですよ。すっごいんですね。木村先生の立場からすれば、それはまさに患者さんの内部に入って支えているとおっしゃるんだけれども、私から言うと、もうメスが入り過ぎなんです。患者さんからすれば、これはたまらんだろうなと思っていたぐらいです。中井先生は、そういうことは絶対になさらなかった。

　まあいろいろなことがありますが、断片的に思い出しますね。

　大橋　本当にね。

　山中　あの５年間は楽しかったです。本当に、中井先生が神戸へ行かれるまでの５年間は。だけれど、一番良かったのは滝川君たちのグループですよね。手取り足取り、細かくね。

　大橋　そうですね、うん。

一流の文章

　豊田　中井先生は文章を書かれても一流という方ですよね。そのあたりについては、何か思われることはありますか。

　山中　文章は、何回でも推敲なさる方ですよね。木村先生は、ほとんど推敲なさらない。書いたらもうそれで終わりで、完結している。中井先生は、原稿が戻ってくる、ゲラが戻ってくると、こうでもない、ああでもないと何度でも書き直される。確かに、最後には本当にわかりやすくて、しかも滑らかで、文章そのものが美しくなっているんですね。美しいことが目的ではないんです。結局、わかりやすくしたのが本当の意味で文章としてもきれいになっているという形だったんです。

　私は、実はそういう中井先生がお書きになったものやなんかを全部ファ

イルして、「中井久夫著作集」というふうにして、私の書棚の中に置いて
あったんです。そうしたら、中井先生が「あそこにある『中井著作集』を
ちょっと見ていいかい？」と言われるので、「もちろん、先生がお書きに
なったものばかりですから、どうぞ」と。すると、「ああ、こういう手が
あるのか」と。それが岩崎学術出版社の第1期の『中井久夫著作集』6巻
になるんです。

　豊田　では、山中先生がいらっしゃらなかったら、あれはなかった（笑）。

　山中　自分のした仕事としては最大級の中井先生への恩返しですね。

　豊田　すごく勉強させていただいた本です。

　山中　3巻目ぐらいまでは私が全部目を通してやっていたんだけれども、
フランス語とかを消してしまわれるのを戻したりしていたので、4巻目以
降は中井先生が全部お一人でなさった。私が入るのが、かえって面倒臭く
なられた（笑）。「かえってややこしいので、もう僕がやるよ」と言われて、
4、5、6は中井先生お一人でお出しになった。エレンベルガーの1巻
を訳したのと、『中井久夫著作集』6巻を出したというのは、私自身は、と
ても勉強になったし、中井先生にも恩返しができたと思っています。

　その後、最相葉月さんが『中井久夫集』11巻（みすず書房）をさらに出
されたでしょう。エッセイが多いですよね。エッセイも珠玉で、もうファ
ンが多くて。それで、1個ずつが詳しくて。

　例えば、ポール・ヴァレリーのことでも、青土社がまとめた『中井久
夫』（現代思想2022年12月臨時増刊号）にヴァレリーの専門家が書かれて
いる文章があって、「ああ、ちゃんと見抜いておられる」と思ったのです
が、ヴァレリーが拠点にしたセートという町について、中井先生がものす
ごく細かく描写しておられる。それはヴァレリーの詩そのものなんです。
何かもうあそこまで行くと、知識なんていうものではないですね。心に生
きている。

　大橋　すごいですよ、あれ。それで、中井先生が、ヴァレリーが描いた
セートの入り江の絵がおかしいと言うんです。

　豊田　何がおかしいと？

　大橋　絵が左右反転なんです。おそらく印刷のときに誤って反転させて

しまったのだろうと。なぜなら、その崖っぷちみたいなところが出ているのですが、地図で探してもそんなところはまったくないので、フランスの出版社が反転して本に載せてしまったのだろうと。

豊田 なるほど。

大橋 私は、あれが好きなんですよ。ちょっとミステリー的で。

もう一つは、最相さんの編集された本では省かれていますが、エドガー・アラン・ポーの詩で、その詩の通りに図を描かれたんです。そうしたら、まあ、あるものになるのですが、私がそれをものすごく面白がって、「いやあ、先生、あれは面白いですね」と（笑）。先ほどのヴァレリーのことのように言ったら、「そういうの、好きだね」と言われました。

小説家などで中井先生の文章を褒めている人が多いですね。もうずいぶん前に書評で読んだのですが、確か松浦寿輝さんは、もう1人が思い出せないのですが、大岡昇平、中井久夫は「戦後三大名文」というふうにおっしゃっていました。最近、松浦さんの何かに書いているのを読んだら、あの方も奥さんが先に中井先生の本を読んでいたらしいです。

ほかの人でも、やはり奥さんが読んでおられて、それで、「うちは困ったときには何でも中井先生」と言って、ネコへの対応の仕方とか、いろんなものが見つかるんだと。

ギリシャ詩の訳なども、丸谷才一さんがべた褒めでした。あまり書かれないのは、音楽のことですかね。

山中 書かれないですね。音楽については、むしろ木村敏先生が圧倒的に頭一つ分、頭抜けておられたから。

大橋 ああ、そうか。

奥様との馴れ初め

大橋 音楽のことと言えば、奥様がヴァイオリンだね。

山中 中井先生と奥様との出会いはご存じですか？

大橋 いや、あまり知らないね。

山中 私は知っているんですよ（笑）。お二人とも晩婚というか、遅かったのですが、私はお二人がどうして結びつかれたかという話に興味があ

って、何度もうかがいました。「まあ、それはよしておこう」と、おっしゃらなかったのですが、あるとき突然、「実は」と聞いたことがあるんです。

　先生と奥様の共通の友人ではなくて、先生は先生の友人に、奥様は奥様の友人に、それぞれが結婚式に呼ばれました。ところが、中井先生はああいう方ですから、道端で何か面白い花が咲いていると、花を見ていたり、いろいろとゆっくり歩かれるでしょう？　奥様はまた全然別のタイプなんだけれども、ゆっくり行かれて、お二人とも結婚式に遅れてしまうんです。

　大橋　（笑）。

　山中　2時からという時間なのに、中井先生はどうも2時半ぐらいに結婚式場に着かれ、奥様も同時ぐらいに着かれたみたい。実はその着かれる前に、お二人が歩いているうちに、中井先生は、ひょっとして僕の出ようと思っている結婚式にあの人も出るんじゃないかと慌てて、それで、つかつかと行かれて、「あの、僕、結婚式に呼ばれているんですけれど」と招待状を見せたら、「私も出ます」と。それで話し込んで遅れてしまうんです。そこから気が合うということで（笑）、結婚なさったんだけれども、奥様は東京芸大のヴァイオリン科の優秀な弾き手なんですよ。

ユニークな風景構成法

　山中　中井先生はクジラがお好きだと言われていましたが、先生は、「何か動物になれるとしたら、何になりますか」と言われたら、何を選ばれますか？

　大橋　私はタツノオトシゴだよ。

　山中　大橋先生は面白い人で、先生の風景構成法も、私は忘れられません。風景構成法で、川をずっと横に引いて、山が川の中に映っているんです。それで、上に山は描いていないんです。映っているんだと。ねえ。こういうユニークな人なんです。

　中井先生の描かれた風景構成法も私は知っていて、向こうは海なんです。それで、こちらから、山の頂上にいて見下ろしているんですよ。

　豊田　ああ、なるほど。お二人ともユニークな風景構成法なのですね。

　大橋　それで、横になった人間がいて、石をポンとこう投げて、波紋が起きている。

　山中　そう、波紋ができているんです。

　大橋　山中先生のは、ばらしてしまうけれども、こう、左右対称で、奥のほうへずっと向かって。

　山中　それで、上に花火が出ているんです。

　大橋　そう。大らかですよ。

極めてイメージの人

　山中　何か編集部として聞いておきたいことは、おありでしょうか。

　編集部　今回の対談は、日本ユング心理学会の機関誌『ユング心理学研究』に掲載されますので、もし中井先生とユング心理学との関連性について何か思われるところなどがあれば、お願いします。

　山中　なるほど。先生、何かおありでしょうか。

　大橋　昔、河合先生と土居先生がそろって名古屋で講演をされたことがありました。そのときに土居先生が言われたのが、「河合さんと私とが、フロイトとかユングとか言っているけれども、みんな登る山への道が違うだけで、目指すところは同じだよ」と。私は、それは確かにそうだろうと思います。

　あとは、今日話したように、山中先生が教室で既に絵画療法などをやっておられたのを私は見たことがあったので、中井先生の患者さんの描画を最初にぱっと見たときに、ユング派の人のやっていることに近いような気がしたというのは、本音でもあったわけです。そういう点で、ユングとの違いをあれこれ言うよりも、共通点を探っていけば、通じるところはあるのではないでしょうか。

　ただ、中井先生は潔癖なところがあって、ユングによる女性の分析、ザビーナ・シュピールラインでしたか？

　山中　そう。

　大橋　ユングはああいうところがあるからね、と。中井先生はモラルに厳しいんですよ。

　豊田　そうなんですね。

　大橋　私は、名古屋から神戸へ行かれたときの送別会で、うっかり言いたい放題になってしまって、「先生、女性に甘いんじゃないですか」と言ったことがあります。それは、まともに怒られてね。「そんなことはない」と（笑）。

　山中　私は先生がまさに言ってくださったように、絵画療法と箱庭療法から入りましたが、中井先生は、確かに、極めてイメージの人でした。風景構成法を発明されたり、患者さんの絵画でも、例えば、普通の人が、この患者さんはほとんど動かなくて、だから慢性だと言っているときに、いや、内部を見たら、落雷が起こったり、地震が起こったり、津波があったり、すごく動いているのを把握しておられたから、そういう意味では、中井先生はイメージにすごく強い先生ですよ。

　ただ、中井先生も私も、ユングの用語で物を言うということを一度もしたことがない。だから、私は一時期のユング心理学会は大嫌いで、初め、数回出たのですが、元型がどうのとか、集合的無意識がどうのとか、そういうことばかり言っている人たちがいて、そんなことは何の役にも立たないでしょう。患者さんの話を聞いているほうがよほど楽しいと思ったから、学会に出なくなりました。

　豊田　そうなんですね。

　山中　とにかく私は中井先生という方が名古屋に来ていただけて、5年間だけだけれども濃密な関係を持たせていただけて、すぐ隣で臨床を拝見することができて、とても……。精神医学というものにどれだけ深い知識をお持ちかということは、翻訳された本を見ただけでもすごいでしょう？あの時代に誰も訳さなかったものばかり。一番すごいのがハリー・スタック・サリヴァンですよね。もう何度も言い古されたことなので、私などが言う必要はないのですが、慶應の精神医学の大家の三浦岱栄先生と、東大出身の日大の先生の井村恒郎先生、このお二人が訳そうとして挫折され、匙を投げられたのを中井先生が、井村先生に「中井君、これやってくれないか」と頼まれてやられた。

　そのおかげでサリヴァンというアメリカの精神科医も見直すことができ

たし、エレンベルガーをはっきりと訳すことによって、精神医学史そのものがきちんと把握できたし、それをバックボーンにして、実際に日常の診療を、本当にきめ細やかな診療をなさっていたのを目の当たりにして、私は、河合先生の教えに従ったというよりも、中井先生の教えに従ったと言ってもいいぐらいです。河合先生の教えは、もちろんたくさんありますが、実際には中井先生のほうが大きいですね。

　大橋先生は、土居先生のところに行かれて大正解ですよ。彼は言葉の、イメージではなくて言葉の人なんですよ。

追随を許さない存在

　大橋　中井先生は、書いてあることをやっておられると思うんだね。だから、より現場主義的なところがあると思う。阪神・淡路大震災のときも、冷静にチームを組むなり、みんなに休憩を取れというふうに言われたりしてやっていくでしょう？　ああいう長期的視点で人を動かして、それで自分もやる。それが書いてあるだけではなくて、やっているという部分も目にするから、感心しますね。実践主義だと思う。しかも、それをすごい知識のバックボーンのもとにやられる。さらに、党派をつくらないというところもあると思いますね。

　山中　うん、そうそう。

　大橋　だから、中井派というのをつくろうということがない。

　豊田　あくまでも、何か患者さんとの実践ですね。

　大橋　そうですね。実践です。ただし、治療者・患者関係を含め、その人の育った背景を歴史と地理等の知識を生かして理解していく。それをもう少し鳥瞰的に見るということもしながらやっておられると思います。

　山中　うん、まったく違うな。

　大橋　いつも戦略を練り直して、このまま兵力をどうしたらいいかということを練っている。戦上手みたいなところがある。

　豊田　戦上手、なるほど。

　大橋　でも、すぐ聞こえてきたのは、「別に治療は戦じゃないよ」という声。「勝ち負けではない」ということを言われそうです。

京都ヘルメス研究所に飾られているエジプトのタペストリーの前で、大橋氏（右）と山中氏

　豊田　本当に追随を許さない存在ですよね。

　山中　とても追随なんてできるものではないですね。

　大橋　ないですね。

　山中　うん、あり得ない。

　大橋　以前、何歳記念か何かのときに、ある方が、自分のナルシシズムは中井先生と会ったらすぐに砕けたと。私は、それは大事なことだと思います。なまじ知っていると思った自分の自信が、自分のナルシシズムがぶっ飛んだという。

　豊田　お話は尽きないようですが、このあたりで終わらせていただきたいと思います。

　中井先生は多岐の才能にあふれた傑出した存在ではありますが、根本は臨床家であったということを、中井先生が大学や公職を退かれてからも、大橋先生のケーススタディの会に参加されていたことから思いました。本日は中井先生の名古屋時代について大橋先生と山中先生から貴重なお話をうかがうことができ、仰ぎ見るだけではない、中井先生の人間的な側面にも触れられたのと同時に、改めて中井先生が心理臨床の世界に遺していか

れたものの大きさを感じる機会となりました。

　大橋先生、山中先生、本日はどうもありがとうございました。

山中　こちらこそ、とても楽しかったです。ありがとうございました。

大橋　ありがとうございました。

注

1　これまでの人生で最も楽しかった時期を最相葉月が尋ねた際に、80歳を前にした中井は逡巡することなく、「名古屋ですなあ」と即答したという。最相葉月 (2023)．中井久夫　人と仕事　みすず書房　p.29。

大橋一惠（おおはし・かずやす）⋯⋯⋯⋯⋯⋯⋯⋯⋯⋯⋯⋯⋯⋯⋯⋯⋯⋯⋯⋯⋯⋯⋯⋯⋯⋯⋯
1965年、名古屋市立大学医学部卒業。1970年、名古屋市立大学大学院医学研究科修了。名古屋市立大学医学部助手、南山大学文学部教育学科助教授、名古屋市立緑市民病院神経科部長などを経て、1980年、大橋クリニック（現　小林心療内科・精神分析室）開設。医学博士、精神分析家、訓練分析家（日本精神分析協会、国際精神分析協会）。

山中康裕（やまなか・やすひろ）⋯⋯⋯⋯⋯⋯⋯⋯⋯⋯⋯⋯⋯⋯⋯⋯⋯⋯⋯⋯⋯⋯⋯⋯⋯⋯⋯
1966年、名古屋市立大学医学部卒業。1971年、名古屋市立大学大学院医学研究科修了。京都大学名誉教授、京都ヘルメス研究所所長。医学博士、精神科医、第19期日本学術会議会員、日本臨床心理士資格認定協会顧問、臨床心理士、カワンセラー。京都と東京でヘルメス心理療法研究会を40年にわたって開催している。著書に『山中康裕著作集・全6巻』（岩崎学術出版社）、『心理臨床学のコア』（京都大学学術出版会）、『心理臨床プロムナード』（遠見書房）、『ユング心理学辞典』（監修・創元社）、『山中康裕の臨床作法』（統合失調症のひろば編、日本評論社）、訳書に『ユングの芸術』（青土社）ほか多数。

豊田園子（とよだ・そのこ）⋯⋯⋯⋯⋯⋯⋯⋯⋯⋯⋯⋯⋯⋯⋯⋯⋯⋯⋯⋯⋯⋯⋯⋯⋯⋯⋯⋯⋯
名古屋大学文学部卒業（フランス文学）。京都大学大学院教育学研究科博士後期課程単位取得満期退学（臨床心理学）。スイス・チューリッヒのユング研究所でユング派分析家資格取得。京都文教大学専任講師、助教授、天理大学教授を経て、現在は京都と東京の個人オフィスで臨床に当たっている。臨床心理士、公認心理師。日本ユング派分析家協会会長。

講演録

ユング心理学の歴史的展開
ユング前期 vs. ユング後期

猪 股　　剛

帝塚山学院大学

はじめに

　ユングの心理学について、あえて説明しなくとも、ここにお集まりのみなさんは十分にご存じだと思います。わざわざ私が何かを語る必要はなく、今日お話しすることも、内容的に新しいものではありません。ただ少しだけ、見る角度を変えて、ユングについて前期と後期の節目に注目して考えてみたい、というのが本日のテーマです。

　現代のユング心理学を考えてみると、個人的にはもはや「風前の灯火」にあると思っています。これだけ実証的な、生物学的な心理学が世に流通していて、それが実際に有用であると考えられ、世の中のメインストリームになっている時代において、一体誰がユングの心理学に興味をもつのでしょう。いま興味をもっている人たちは、ある意味では、すでに心理学の古代種のようなものではないかとも思います。

　とは言っても、個人的に私は、これはとても面白い心理学だと思っていますし、実際、極めて臨床的な心理学だとも思っています。ですから今日は、そのユングの心理学を従来とは少し違った角度から眺めてみることで、いままで興味をもてなかった人たちも興味をもつことができる道筋の一つを示せればと思っています。

プラトンの洞窟の寓話

　ユング心理学を考える際に、さてどこから話を始めようかと思って考えていたのですが、哲学者プラトンが語った洞窟の寓話から始めてみたいと

思います。そこでは、人間ははじめ、洞窟の中に暮らしていることになっています。手足を縛られて、ただ洞窟の壁を見ています。自分が手足を縛られていることも知らず、ただ壁を見ているのです。その洞窟の壁には映像が映っているのですが、現代で言えば、インターネットやテレビの映像が映し出されているようなものでしょうか。それを見ながら人々は生活を送り、それがリアルな現実だと思っています。

　ある時、その中の一人の手足の枷が外れます。そうして自由に動けるようになって、後ろを振り返ってみると、自分がリアルだと思っていた目の前の現実は、実は、自分の後ろから投射された映像だったと気がつくのです。一体これはどういうことだと思って、その人は洞窟の外に出ていきます。まず、その投射されている映像の出処に行くと、そこには火が焚かれていて、その火の前にはいろいろな事物があり、それらの影が映像として壁に映っていたことに気がつくのです。さらに、その火を通り過ぎて、洞窟の外に向かっていきます。すると、外には、なんと火よりもさらに大きな光を放つものが、つまり太陽が照っていて、洞窟内とは比べものにならないほど明るい世界があることを知ります。そこには、いままで見たこともない世界がリアルに存在していて、風が吹いて、雨が降って、さまざまなものが生き生きと存在しているのです。「ああ、これが世界だったのか」とその人は気がつきます。

　さて、その人が洞窟に戻って、洞窟の中で同じように縛られている人たちにこの現実を伝えます。「みなさん、あなたたちが見ているものは、投影されたものですよ」「こんなものを見ているのを止めて、この洞窟の外に出てみませんか」と言うわけです。けれども、そこにいる人々は「何をバカなことを言っているんだ。ここにあるものが現実じゃないか。おまえは一体、何を見てきたんだ。お前がおかしくなって、気味の悪いものを見てきただけだ」と言い返します。洞窟の外に真実があることを話しても、目の前の投影の映像を信じている人々には通じないわけです。そして、真実を語った人は、真実を見ない人々によって殺されてしまいます。それがプラトンの洞窟の寓話です。

　プラトンの語るものですから、殺された人はいわゆるソクラテスの寓意

で、真実を語る者が殺されたことを表しています。この寓話から、プラトンは、目が開かれて啓蒙されることを語り、真実を知る道のりとしての哲学を説いていきます。

　現代において、私たちがこのプラトンの洞窟を考えてみると、もしかするとより深刻な状態にあるのかもしれません。プラトンの寓話の主人公は洞窟に帰ってきて殺され、それは深刻な出来事として、現実を考えはじめる転換点になっていきます。しかし、インターネットがこれだけ普及している現代世界では、リアルを体験することよりも、映像を見ることのほうがより重要で、リアルを主張する人を殺す必要もなく、ただ無視すれば済む程度です。私たちの「見ることへの依存」は止まりません。たとえ外の太陽の世界を見たとしても、進んで洞窟の中に戻ってきて、進んで同じ場所に座り、同じ投影を見たいと思うのかもしれません。そのほうが簡単で楽しく、みんなと同じ世界が共有できる気がする。しかも、洞窟に投影されているものは、日々進化して、もっともっと豊かに目に映るのかもしれません。世界の外に出たとしても、同じ一つの場所しか目にすることはできないけれど、洞窟に座って投影を見ていれば、世界中のいろいろなものが見える。しかも、自分でいろいろなサイトを選ぶことができる上に、自分が見ているものを発信して自分の投影を人に見てもらうこともできる。そうなると、そこに座り続けるほうが面白いのでしょう。洞窟の外を知った人間が、みずから洞窟の中に戻って、ただ投影像を見る。それは、21世紀では当たり前のことなのかもしれません。

　そんな時に、さて、心理学は一体何ができるのでしょうか。特にユング心理学は、イメージや象徴を大事にしますから、表面的に見れば、Web世界に耽溺することと、やっていることは同じです。私たちは洞窟の壁に映っているものを見ているだけかもしれません。Web上に展開されていくイメージを見ることと、ユングの考える、イメージや象徴や、神話や夢を見ることの差異が一体どこにあるのか、それを考えなくてはなりません。ただイメージを扱うだけでは、おそらく洞窟に戻って投影映像を見ているのとあまり変わらないことになります。そして、前期のユングにとって、この差異の大きなポイントは、おそらく、「無意識のリアリティ」と「自

我を手放す姿勢」にあると言えるだろうと思います。

　前期のユングは、古代的なものに強く関心を示しています。つまり、この洞窟に住まう人間の在り方から、プラトンのように啓蒙に進み、洞窟を出ようとするのではなく、むしろ、より古代的な洞窟の使用法に帰っていきます。つまり、洞窟のイニシエーションに立ち返って、洞窟の一番奥の壁を通り抜けていく〈壁抜け〉に関心を抱きます。この壁抜けについては、みなさん、村上春樹を読んでいたら、井戸の底に降りていって、井戸の壁に手で触れてそこを抜けていく場面をご存じだと思いますが、そうしたイニシエーション儀式にユング心理学は関心を抱くことになります。もちろん、それは、無意識の世界への扉を開くことを象徴的に表しています。そして、それこそが壁に投影されたものよりも明確にリアルなのです。

　そもそも古代洞窟には酸素が少なく、そんな中で洞窟絵画を描いているわけですから、トランスに陥りやすい状態になります。洞窟の入口近くには、家畜化された動物が多く描かれ、奥に進むほど日常から離れた動物や神獣が描かれていくようになり、最深部に人間の手形が残されているという研究がありますが、最深部で壁に触れてその向こうに抜けていく儀式が行われていたからではないかと考えられています。つまり、洞窟の中でただ受け身に映像を見るのではなく、そこで絵を描き、壁に触れて、壁抜けをする。そうすると、みずからがいるこの世界とは違う、もう一つの世界への扉が開かれて、別のリアリティを知ることになる。壁の向こうの無意識の世界は、こちら側の世界から自立した独自のもので、この世界とは決定的に異なりながら存在していることに気がつくと、心は一面的であることから抜け出すことになります。その時、私や自我を中心とした世界は変化することになります。前期のユングは、そんなふうにイニシエーション的な洞窟体験を実践していこうとします。それは、「バック・グラウンドとしての無意識」や「心的現実」という考え方に表れていますし、初期のユングが対象とした憑依される人の体験やブルクヘルツリで診ていた統合失調症の患者たちの体験にもあらわれています。また、ETH講義『近代心理学の歴史』のハウフェ夫人についての解釈もこれに当たります。

　しかし、後期のユングは、それとはまた異なるほうに進んでいきます。

このイニシエーション的な在り方は、心理療法の一つのモデルでもありますが、問題を抱えたものでもあります。その問題についても、後ほどお話しして、後期のユングへの転換点を見極めたいと思います。

ユングを概観する

　本日の話の流れをお話しした上で、ユングと分析心理学のさまざまな概念を羅列してみましょう。「人格 Nr.1 & Nr.2神経症」「キリスト教との対決、信仰への問い」「降霊術と心の現実」「抑圧から解離へ」「統合失調症の治療」「言語連想検査」「コンプレックス／コンステレーション」「タイプ論」「人格化する心、影、アニマ・アニムス、老賢者、トリックスター」「アクティヴ・イマジネーション」「東洋の実践の心理学」、それは具体的には「黄金の華の秘密」や「易経」や「ヨーガ」や「死者の書」との対話ですね。さらには、「夢の解釈と自律的な心の運動」「共時性」「元型と歴史的な心」「錬金術と対立物の結合」といったものも挙げられます。

　このように、ユングにはさまざまな思索があって、これを一つひとつ学んでいくのがユング心理学を学ぶことだと思うのですが、本日はこれにはほとんど触れません。とりあえずユングの射程の広さを確認したほうが、転換点を見極めることも容易になるかと思い、列記しました。

　このように多角的な広がりをもっているユングですが、ユング自身がその人生を過ごしたのは、スイスの本当に小さな地域です。それはスイスの北部、スイス全体の国土の十分の一にも満たない地域に限られます。まず、ドイツ・スイス国境のボーデン湖湖畔のケスヴィルでユングは生まれます。その後、スイスの景勝地の一つ、ラインの滝近くのラウフェンに越して、そこで4歳まで過ごします。溺れて亡くなった人の遺体を見たという話が彼の自伝に出てきますが、これはラウフェンでの話です。そして、ユングが4歳の時に妹が生まれ、クライン・ヒューニンゲンというバーゼル郊外の街に移ります。お父さんが牧師であったために、牧師館のあるところを転々としていくわけですね。バーゼルといえば、ユングが夢の中で、天から糞便が降ってきて壊れるのを見たバーゼル大聖堂がある街です。現代では、世界最大のアートマーケットが開かれる街としても有名です。このク

ライン・ヒューニンゲンにユングは大学院を終えるまで暮らして、その後、
チューリッヒに移り、チューリッヒ大学で働きはじめます。25歳でチュー
リッヒ大学附属病院ブルクヘルツリで働きはじめ、28歳にはエンマと結婚
し、30歳で大学の専任講師となって同時に精神科の医局長にもなっていま
す。そのころキュスナッハトに自宅を得て、その後、ボーリンゲンにみず
から塔を建てはじめるのが1922年、彼が48歳の頃です。その最終形態が出
来上がったのはそれから10年ほど後になります。このように、ケスヴィル、
ラウフェン、クライン・ヒューニンゲン、チューリッヒ、キュスナッハト、
ボーリンゲンと場所を移っていくわけですが、それらはすべてスイス北部
のほんの小さな範囲に収まっています。

　そのユングが、心理学を研究しはじめてから、いろんなところに動いて
いきます。パリのピエール・ジャネのところに留学に行き、ウィーンのフ
ロイトのところに行き、自分の心理学的な考えが明確になってからは、ド
イツやイギリスで分析心理学の講演をしますし、ご存知のように、アメリ
カにも招かれて行きます。イタリア、ギリシャにも旅をしますし、50代に
なってからは、まず北アフリカを訪ね、つぎにアメリカでプエブロ・イン
ディアンを訪ね、そしてアフリカ中部のエルゴン山の近くで原住民の話を
聞き、インドにも行きます。20世紀初頭ですから、船で何週間もかけて移
動するわけです。50代から60代のユングは、世界中を非常に精力的に動い
て、古代から最先端の世界まで、いろいろなものを知ろうとしたように思
えます。

　ここまで地理的な移動を見てみましたが、歴史的な時代の変遷も見てみ
たいと思います。ユングが生まれたのは1875年7月26日、場所は先ほども
お伝えしたようにケスヴィルです。亡くなったのは1961年6月6日のキュ
スナッハトです。彼の生きた86年間は一体どんな時代だったのでしょうか。
まず、彼が亡くなった1961年前後がどんな時代であったのかを見てみると、
1960年には南ベトナム解放民族戦線の結成があって、つまり、もうすぐベ
トナム戦争が始まろうとしている時です。そして、1960年は「アフリカの
年」と言われ、帝国主義が19世紀後半に華々しく展開して、列強がたくさ
んの植民地をつくっていったわけですが、それが終わり、アフリカで17か

国が独立する年です。力による支配が終わりを迎える年とも言えますが、同時に、ベトナム戦争が始まるような年で、強者と弱者の二項対立が終わり、混乱が始まる時代だとも言えるでしょう。また、ユングの亡くなった1961年は、ソ連が有人宇宙飛行に成功した年ですが、ユングはその数年前に、いわゆる「UFO論」を書いています。天上に神秘の神がいないことが判明し、しかし、それでも不可思議なものは必要で、未確認飛行物体として私たちは空にそれを投影することになります。同じ年に、東西ベルリンが壁で遮断されて、ケネディが大統領に就任し、次の年にキューバ危機が起きます。日本では、1960年に池田勇人内閣が誕生し、高度経済成長期を迎える。そうした時代にユングは亡くなっています。

　どんな思いで彼が亡くなっていったのか、それは、本当のところはわかりませんが、彼が亡くなる9か月前に、ハーバート・リード宛に書かれた書簡があります。ちょっと長いですが、その一部を抜粋します。

　　「私たちの時代の大きな課題は、この世界に降りかかっていることを私たちが理解していないことです。私たちは魂の暗闇に直面し、無意識に直面しています。それは闇を生み出し、認識不可能な衝動を噴出させます。私たちの文化とそれに昔から備わる支配因に穴を穿ち、それを切り刻みます。私たちにはもはや何の支配因もなく、それは未来に委ねられています。私たちの価値観は移り変わり、確かなものは何一つなく、至聖なる因果論さえも公理の玉座から下り、単なる蓋然性の領域に入ってしまいました」

　つまり、信頼して身を任せられるものは何もなく、因果論はほぼ役に立たず、単なる統計になったという話です。

　　「尊大に玄関ドアをノックして私たちに畏怖の念を喚起する者は、一体誰なのでしょう。恐怖が、その者に先行してやって来て、究極的価値がすでにその者の手に渡っていることを明確にしています。それに応じて、私たちがこれまで信じていた価値は減退していきました。

　そして、私たちにとって唯一確かなことは、この新しい世界は、私たちが親しんできたものとは異なる世界になっていくだろうということです」

　決定的な変化の時代に入り込んだと言っているわけです。私たちにできることは、いままでの世界観ではとらえられないということを覚悟することだけだというわけです。

　「私たちは、心が自発的に私たちに語りかけてくるものを素朴に聞き取らなければなりません。私たちの手で創作されたものではない夢は、ただそのままを語っています。できるだけ、そのままをもう一度語ればよいのです。自然が不完全なままに残したものを、錬金術的なアート〔作業〕が完成させるのです。偉大な夢は、いつも代弁者としてのアーティストを通して語ってきました。アーティストのあらゆる愛と情熱は、来るべき来訪者に向けられ、その到着を告げ知らせるのです」

　手紙の宛先がリードというアーティストであることを差し引いたとしても、最晩年のユングは、変化の時代において重要なのは、エビデンスの整った科学ではなく、とらえようがないものに対して愛と情熱を媒介にして関わるアートだと明言しています。

　「偉大な夢とは何でしょうか。それは、たくさんの小さな夢と、それらの夢の兆しに対する謙虚で従順な行為から成り立っています。それは未来であり、新しい世界の姿であり、私たちがいまだ理解していないものなのです。無意識とそこからの暗示のほうが、私たちよりも物事を理解できているのです。私たちが意識的な世界でむなしく探し求めているものも、そこでなら見つけられるチャンスが相応にあります。はたして、それ以外に見つけられる場所などあるのでしょうか」

　こういう手紙を、ユングは1960年９月２日にハーバート・リード宛に送っています。彼が亡くなるのが1961年６月６日ですから、死の約９か月前です。ユングは、とても強く時代を意識した思想家だと思いますが、彼が感じていたこれまでの価値が成り立たなくなる時代が本当にやってきたように思います。従来の価値の成り立たなくなった時代にこそ、夢という無意識の声を聞いて、「ただ自分が聞き取ったものをそのまま語ればいい」とユングは言っているわけですが、私たちは果たして、それを聞き取り、それを語るという作業をしているでしょうか。ユング派の心理学者として、この問いは私たちにとって大きな課題だと思います。

　さて、ユングの亡くなった年のほうを先に見ましたが、ユングが生まれた年、1875年前後には一体何が起きていたかも見てみましょう。まず1871年にドイツが統一されます。ばらばらだったドイツの国が、ヴィルヘルム皇帝を掲げて、ビスマルクが宰相になって統一されるわけです。また1874年には、日本は台湾に出兵します。日本は、明治維新と戊辰戦争によって武力による統一を終え、当時の時流の帝国主義に則って、外に向かって力による征服の道を進みます。1877年にはイギリスがインドを征服してインド帝国を成立させ、1879年には「琉球処分」と言われますが、日本が琉球を支配します。1881年には、イギリスによるエジプトの保護国化もあり、とにかく帝国主義の全盛期で、列強が世界を征服し、アフリカも、インドも、アジアも、武力で支配していきます。

　心理学的に言えば、自我を拡大して、自然だった領域や、未知だった領域を征服して、自由に思い通りにできる範囲を広げていく取り組みをしたということでしょう。フロイトで言うゾイデル海の干拓事業ですね。そうした帝国主義的な意識の発展の時代にユングは生まれてきているわけです。しかし、この時代が単純な発展の時代かと言えば、そうとも言えません。19世紀末から20世紀初めの時代精神には、デカダンスのムードが流れています。つまり、滅びの予感です。次々と世界を征服していくことは、一見すると新しいものを発見する喜びがあるとも言えますが、もう一方で、未知のものが次第に減っていくことでもあります。そして、自然や未知のものが減っていくことは、それまでただ信頼して身を任せてきた自分たちを

超えて自分たちを支えてくれているものが少しずつ失われていくということでもあります。

　同時期に、科学技術も飛躍的に発展します。電灯や電話が発明されますし、重工業も発達し、ダイナマイトも発明されて戦争は大きく変化します。レントゲンが発明され、ダーウィンの『種の起源』が発表され、メンデルの『遺伝の法則』も登場します。そうしたものによって、目に見えなかった領域が明らかにされることで、素朴な信仰も宗教も大きなダメージを受けます。さらには、マルクスの『資本論』も著されて、社会の構造や経済的な差異までも明るみに出されます。暗闇は失われ、未知のものがなくなることは、一見すると良いことなのですが、世界を素朴に信頼することはできなくなるのです。心理学的に言えば、自由を獲得すると同時に、拠りどころなく孤独になる時代が訪れたとも言えるわけです。生活は便利で豊かになりながらも、心は少しずつやせ細っていく道をたどります。

　さらに、1851年には初の万国博覧会があって、1896年には第1回近代オリンピックがあります。世界中のものを一堂に集めて展示するイベントが行われはじめるわけですが、これも心理学的に言えば、人間の意識がすべてを手中に収めると宣言するイベントだとも言えます。世界を目の前に陳列することができるわけです。その一つの典型的な出来事ですが、万国博覧会では人類の展示というものも行われていました。そこでは世界中さまざまな先住民の文化が展示されるわけですが、それは多様な文化を知ることだとも言えますが、別の人種を見せものとして展示してしまうわけですから、支配や差別の表れだとも言えます。またもう一方で、それは人類が自分の過去を発見して、自分自身を進化や歴史の中に位置づけることだとも言えます。人間が人間を見る見方が決定的に変わったのです。人は自分を神によって生み出されたもの・被造物であると考えるのをやめ、人間から超越的な要素が消えて、科学と歴史の中に位置づけられることになったわけです。

　そういう時代にユングは生まれ、深層心理学というものは生まれてきたわけです。つまり、未知のものがなくなっていく時代に、無意識というものが発見・発明されたのです。人間とその心が深い背景を失い痩せ細って

いく中で、無意識という未知の豊かさが必要とされたのだとも言えるでしょう。ユング的に言えば、心の中に私たちは古代を抱えていることに気がついていくことになり、自分が意識していない数千年の時代を、私たち自身の心の中にもっているのではないか、そういうことを考えていくようになります。心の中を深く掘っていったら、人間はさまざまな人間の在り方を、自分自身の中に再発見することがあるかもしれないというのです。初期のユングは、そのような再発見の取り組みを通じて、孤独な人間の在り方に対する一つの解法を探しました。現実に外側の世界において滅びていった豊かな自然や、神話的な世界といったものを、無意識の中にもう一度発見し直そうとしたわけです。豊かな自然を、私たちが頼れるようなものを、人間の意識を超えて自分の土台になってくれるようなものを、再発見したいという思いが、無意識の発見という取り組みにつながっていたのだろうと思います。

前期のユング思想

　このような無意識を通じた再発見の試みは、ユングの時代よりも前から始まっていることにユングは気がつき、『ヒュプネロトマキア・ポリフィリ』というルネッサンス期の書物にその萌芽を発見しています。これは、ユングが心理学の始まりだと考えた書籍で、イタリアの修道士のフランチェスコ・コロンナが記したものです。修道士ですから、本来は神の世界を信仰している人ですが、その彼が神の世界とは異なる心の世界に旅をしていくお話です。主人公は物語世界で一人の女性を探して旅を続けていくのですが、それはつまり、この修道士が、キリスト教が伝えていた教義的な世界の外に出てしまったことを示しています。それまでは、信じて身を任せて同調してさえいれば世界は安泰だったわけですが、そういう世界が終わりに近づき、支えとなっていた宗教共同体が終わろうとしていて、まさに宗教共同体の内部にいた修道士が、神の世界の外に出て心の旅に出かけるわけです。ここから心理学が始まった、とユングは定義づけています。この時代以前の苦悩は、すべて集合的な苦悩で、私一人が何かに悩むことはなく、悩む時には、部族全体が、共同体全体が悩んでいたのですが、こ

こから、このルネッサンス期から、フランチェスコ・コロンナの『ヒュプネロトマキア・ポリフィリ』から、「私の苦悩」が始まったとユングは考えました。

　自然な共同性といったものがもはや成り立たなくなった時代において、心理学は生まれてくるわけです。実際に、ユングは何度か「心理学とは宗教の後継である」という言い方をしています。「私とは何か」ということを問いはじめると同時に、心理学が生まれているわけですが、逆に言うと、それ以前は、「私とは何か」「私がなぜ生きているのか」「人生の意味は何か」ということは、個人が考える必要はなく、より大きなものが与えてくれていたわけです。「生きている意味」は、初めから自明のものとしてあったのです。そのことをユングが「象徴的人生」というインタヴューの中でとても丁寧に語っていますので、興味のある方は読んでいただくといいかもしれません。宗教が終わりを迎え、心理学が生まれてくる。そんなふうにユングは考えていたのだと思います。

　ところで、ユングはゲーテから非常に強く影響を受けています。何度も『ファウスト』を取り上げているのも、その表れです。他にも、ショーペンハウエル、そして、ニーチェからも大きな影響を受けていて、ニーチェの『ツァラトゥストラ』については、50代の頃に2年間にわたってセミナーを開いています。こうした思想家たちは、ユングの生きた時代を先取りしている人たちです。ゲーテは、ユングから見たら100年も前の人ですから、100年前にユングの時代を先取りするというのは恐ろしいことですけれども、そういう偉人なのだと思います。

　ゲーテの『ファウスト』の後半に、ユングが好きなフィレモンとバウキスの話が出てきます。本来の神話としてのフィレモンとバウキスの話では、二人の老人が住んでいるところに、浮浪者のような、みすぼらしい二人の男がやってきて、「今晩、一晩泊めてくれないか」と言ってきます。そのどこから来たのかよくわからないような人たちを、フィレモンとバウキスは歓待します。そして、彼らに一晩の宿を提供する。つまり、居場所をつくり出すわけですね。フィレモンもバウキスも、豊かな暮らしはしていないわけですけれども、見知らぬその二人の旅人に、自分たちが長く育てて

きた、豊かなガチョウを絞めて提供します。それは未知のものを歓待し献身する物語なのですが、この神話の最後には、この旅人が実はゼウスとヘルメスであることが明らかにされ、フィレモンとバウキスには神殿という居場所が与えられ、彼らは祝福されます。

　けれども、ゲーテの『ファウスト』の後半では、そのフィレモンとバウキスの二人が殺されます。ただ、ファウストは「殺すつもりはなかった」と言われています。そんなつもりはなかったけれども、そうなってしまったというわけです。ファウストは、多くの人民を守らなくてはいけない。海から津波がやってくることが予測されていて、その津波に対して、防波堤を築かなければいけない。そのためには、フィレモンとバウキスが住んでいる土地を提供してもらわなければならない。これは、現代でもどこかで聞いたことがあるような話ですけれども、公共の福祉という大きな掛け声の中で、みすぼらしい異邦の人を受け入れていたフィレモンとバウキスの場所が奪われるわけです。未知のものも未知のものを受け入れる人も場所も必要なく、現状を守り維持することの方が重要になったわけですね。

　ファウストは部下に命じて、「あそこに尊敬すべき二人の老人が住んでいる。あの二人に土地を提供してもらえるように丁寧にお願いしてきなさい」と言うんですけれども、部下たちは何を勘違いしたのか、フィレモンとバウキスを殺して、土地を奪って、そこに防波堤をつくる準備をしてしまうんです。二人は何のために殺されたかというと、公共と現状維持のために殺されるんですけれども、それは未知なるものの排除と同義なんです。これが、ゲーテの『ファウスト』第二部のほぼ終幕に当たります。その後、ファウストは目が見えなくなりますが、目が見えなくなって、防波堤のある新しい町がつくられていく建築の音を聞いて、「ああ、素晴らしい町が出来ようとしている。建築の音がしている。これは私たちの未来をつくってくれる素晴らしい工事の音だ」とファウストは思っているのです。でも、実は、もうすぐ死ぬファウストのための墓が掘られている音だ、と隣でメフィストフェレスが一人ごとを言って、物語は終焉を迎えていくことになります。

　この終わっていく神話時代に対して、ゲーテはそれを意識しながら、滅

びを受け入れ、引き受けるしかないと考えているとも言えます。一方で、ショーペンハウエルは、意志というものを使って、そこをどうにか乗り換えようとした人ですし、ニーチェも、超人というものを提案して、英語に訳してしまえば「スーパーマン（superman）」ですが、ドイツ語では「Übermensch」なので、「スーパーマン」と訳されることはほぼないのですが、「スーパーマンになってこの滅びの時代を乗り越えよう」と呼びかけたとも言えます。いまの人間の在り方ではダメだ。でも、過去に戻るのでもダメだ。じゃあ、スーパーマンになろう、人間のいままでの在り方を超えていこうと、ニーチェは言ってしまうわけですが、そんな彼が、最後は、おそらく統合失調症を発症して亡くなってしまうわけです。その狂気に陥ったニーチェを、ユングは大学生の頃にバーゼルの街で垣間見たりする。そして、多くの同僚たちがニーチェを、ある意味、揶揄するというか、バカにするような時代において、ニーチェの取り組みを真剣に受けとめ、ユングは自分の思想のヒントにしていくことになります。

　前期のユングは、滅びの時代を意識して、こうした思想家たちの考え方を土台にして考えていくわけです。それは最初期の『オカルト現象の心理学』や『早発性痴呆の心理学』にもうかがえますし、『リビドーの変容と象徴』には明確に表れていると思います。無意識をもう一つの世界としてとらえ直して、滅んでいく時代を超えていこうとしたわけです。そして30代後半に大学の講師を辞任して、洪水のヴィジョンを見て、いわゆる『赤の書』時代に入ります。

　ユングが『赤の書』に取り組んでいるあいだ、1913年から1921年までは、ほとんど論文や本が刊行されません。ユングの長い人生の中で、こんなに発表されるものがなかったのはこの頃だけです。それだけ、閉じこもってユング心理学の土台づくりに取り組んでいたわけです。それが終わりかけてくる頃に、先ほどもお話ししたボーリンゲンの塔の建設が始まって、それがほぼ終わった頃に、1925年の「分析心理学セミナー」が開催されて、前期のユングの思想がまとまって発表されることになります。同時代を見てみると、実は1925年は、ヒットラーの『わが闘争』が公刊された年です。第一次世界大戦でドイツが負けて、その崩壊の状況からどうやって復興で

きるのか、西洋はそれを考えなくてはならない時代を迎えていました。

　この頃、ユングは「無意識の発見」や「二つの現実」について考えていました。現実には、表に見えているものだけではなくて、裏の世界がある。その裏の世界を知る方法を考えようとしていました。裏の世界とか、内的な世界とか、無意識の世界とか、いろんな言われ方をしますが、表の世界からは独立したそうした世界の自律的な展開を見ようと考えていきます。そして、その内的な世界が、表の世界に浸食されることのない強度をもって実感されてくると、それが滅びの世界を超えていく方法となり、それが自己実現とも呼ばれるわけです。宗教なき時代において人間が生きていく可能性を、無意識の心理学が切りひらくのではないかと考えられたのです。『自我と無意識の関係』という書物が1928年に公刊されますが、これがまさしく前期のユングの到達点だとも言えるでしょう。『赤の書』も一つの到達点ですが、前期のユングのわかりやすい到達点が『自我と無意識の関係』です。この書物では、いわゆる人格化がメインテーマです。「自我」と「無意識」が対立項として存在しているけれども、この表の世界と裏の世界と呼ばれるようなものが別々に存在していて、それがどのような関係をもちうるのかが主題となり、その関係が生じるところに、無意識は擬人化された人の姿をとって自律的に現れてきます。フロイトが表の世界で裏の世界を征服しようとして、それをゾイデル海の干拓にたとえたのとは違い、ユングは無意識の自律的な運動に関心を示すわけですが、そうでなくては、滅びの時代を超えていくことができなかったからです。自我による支配とはまったく違う関係を模索したわけです。先ほどお話ししたフィレモンの話がまさしくそうですが、ユングはボーリンゲンの塔を建てて、その入り口に「Philemonis sacrum, Fausti poenitentia（フィレモンの聖域、ファウストの贖罪）」と記します。つまり、フィレモンの聖域を守り、ファウストの贖罪を引き受けて、現代的な表の世界と、古代的な裏の世界を、何とか両立させようとしたとも言えるでしょう。日本的に言えば、八百万の神々の世界と、Webや仮想現実の世界を同時に認めて、その二つが関係しながら両立する在り方を成立させようとしたということでしょうか。

　ただ、「自我」と「無意識」というこの二つの対立項の関係を見ようと

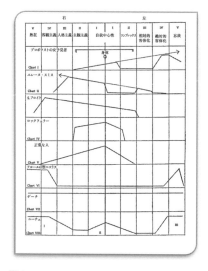

図1

すると、本当の意味では二項対立は解消されないままにもなります。この様子を典型的に表した図がユングの講義『近代心理学の歴史』に出ていますが、前期のユングの考え方をとてもよく表していると思います（図1）。つまり、解離的な対立を残したまま、二つの世界が関係していく様子が表されているのです。この図では、みなさんから見て左側が外界に向いていくほうで、右側が内界に向いていくほうです。そして、正常な人と呼ばれる一般人と、6名の歴史上の人物が、どの程度外側の世界と裏側の世界に対してそれぞれ関係を展開させたのかを図示しています。

　一番上がプロボウストの女予見者、フリーデリケ・ハウフェという女性ですが、ハウフェは、信頼している神父様が亡くなってから、夫や子どもといる世界よりもその神父の世界に行きたいという思いがどんどん募っていって、最後には、いろんな宇宙のヴィジョンを見ながら亡くなっていった人です。矢印が示しているように、内界に突き進んでいって、忘我の状態まで至る人です。それに対して、この『近代心理学の歴史』の中でもう一人大きく取り上げられているのがエレーヌ・スミスですが、彼女はフルールノワが長く付き合った霊媒師です。エレーヌ・スミスは、その内的な世界の在り方を、外の世界の在り方しか知らない人たちに伝えようとした女性です。フルールノワという大学教授の力を借りて内的世界を人々に伝えていきますので、まさしく矢印がちょうどプロボウストの女予見者とは真逆になります。

　面白いのは、フロイトですが、彼はほとんど外側にだけ関心があって、内側には少ししか関心をもたないまま、外側では社会を動かす熱狂のとこ

ろまでいった人とされています。ロックフェラーは理性的というのでしょうか、自我からあまり離れていかないことになっています。正常な人は、外側のほうはある程度まで進みますが、内側はコンプレックスぐらいのところまでしか行きません。聖ニコラスは、ほとんど自我の領域がなく、忘我と熱狂という極端しかなく、まさしく宗教者であり伝道者であることになっています。聖ニコラスは、自分の内的な体験を怒りとともに表現して、それがスイスの精神的な統一を形づくる力になるような人ですから、これは納得のいくところです。ゲーテはすごいですね、ほぼすべての領域で頂点に達しています。そして、ニーチェは、ちょっと聖ニコラスに似ていますが、ニコラスよりは自我の部分が少しあります。つまり、この両極の在り方を言葉で表現できる人ということになるのかもしれません。

　いずれにしても、『近代心理学の歴史』で解説されているものを見ると、ユングが表の世界と裏の世界、意識の世界と無意識の世界というものを、ある種の対立項として見ていて、人間はその二つを共に抱えているのだと、かなり具体化して考えていることがわかります。これが、前期のユングの大きな特徴の一つです。

　前期のユング思想のもう一つの側面が、『赤の書』に現れてくるわけですけれども、ファンタジーが自己展開していく『赤の書』は、彼のアクティヴ・イマジネーションという手法を一番きれいに描き出していて、それは意識の世界と無意識の世界をつなぐ方法として、30代から40代のユングが到達した一つの心理療法の実践形式だと言えるでしょう。自己展開するイメージを記述して、それを絵に描いたり、石に刻んだりする。そして、その制作されたものを彼自身がもう一度鑑賞したり、ボーリンゲンの塔として人に提示したり、書物にして知人や友人に配ったりする。そしてまた、それをさらに解釈して、解説して、自分で理解を深めていく。つまり、ファンタジーの自己展開を信頼しながら、なおかつ具体的に現実の中に形をもって表現して、それをもう一度みずからが言葉で解釈するというプロセスを進んでいくわけです。そうやって無意識からの自律的なあらわれを重視するとともに、意識からの解釈を同程度に重視して、その二項を関係づけていきます。それがアクティヴ・イマジネーションであり、ユングが

『赤の書』を通じて取り組んでいった心理療法の手法になります。

　このように「自我」と「無意識」を対立項として見立てて、その関係づけが自己実現や個性化という方向に進むわけです。ここにはどうしても物語的な志向があります。物語志向が悪いわけではないのですが、物語である限り、どうしても時系列的な世界のとらえ方を残していて、一瞬の不可解なコンステレーションであったものが、具体的に読み解かれて、目的地のようなものが現れてしまうことになります。そうすると、目指すべきところが生まれてきて、苦しいプロセスを経たあとには、どこかに到達点があるという考え方が生まれてきてしまいます。目的地があると、モデル化されて、発展形式に回収されてしまいます。例えば、病は治療を通じて健康に到達して、苦しみは心理療法を通じて個性化を開く、というような単純図式に回収されてしまうわけです。しかも、前期のユングは、無意識の向こう側に、失われた古代の復活をどこかで想定していて、個人を超えていて、個人を支えるようなものを探し、信仰の基盤を失った人間の生と死を支えるようなものを再生させたいという願望をもっているわけですから、そうした復古主義的な志向が強くなるわけです。これが、前期のユングの、おそらく限界点なのだと思います。

転換点としての第三の道の挫折と錬金術

　みなさん、モンテ・ヴェリタ（Monte Verità）はご存じでしょうか。これは、つまり「真理の山」という名を付けられたアスコナ郊外での芸術運動です。ユング心理学との関連では、同じアスコナでも、エラノス会議のほうを知っておられる方が多いでしょう。エラノス会議は、1933年にユングがオルガ・フレーベ・カプタインとともに開いた東西の思想の出会いの場としての国際会議です。日本からは鈴木大拙や井筒俊彦が参加していますし、ユダヤ神秘主義学者のゲルショム・ショーレムも参加しています。ユングも何度も講演を行っていて、60代のユングは、自分の新しい発見をまずエラノス会議で話し、そこから書籍や論文にしていくというやり方をとっています。そのエラノス会議が開かれた場所としてのアスコナですが、実は、アスコナでのこういった新しい取り組みは、オルガとユングが初め

てつくり出したものではな
く、それ以前の1900年に、ア
ンリー・エダンコヴァンとい
うオランダ人が、ここに芸術
村を開村して、モンテ・ヴェ
リタ（「真理の山」）を作り、
運動を始めています。ここに
その時代を象徴する１枚の図
画があります（図２）。

図２

　帝国主義を経て、資本主義は既に限界に至っているという思想はもちろ
んユング独自のものではなく、多くの思想家に共通する実感で、このイラ
ストを見ると、右側の Kapitalismus〔資本主義〕の道は谷底に落ちていっ
ています。左側が Kommunisumus〔共産主義〕です。共産主義は果てしな
い高い山に向かっていって、それはとても険しい道で、すべての人が平等
に生きられるという理想は、あまりにも壮大すぎて実現できないと思われ
ているわけです。実際に、歴史がすでに証明したようにも思われますが、
その二つの道はどちらに進んでもうまくいかないことが、当時実感されて
いて、そのためその真ん中に「第三の道」が描かれています。この「第三
の道」を模索しようという運動が1900年には起きているのです。それはま
さしく深層心理学運動の始まりの年でもあって、この「第三の道」の模索
の中に、ユング心理学も含まれています。資本主義でも共産主義でもなく、
あるいは、支配でも共同でもなく、もう一つの「第三の道」をどのように
見つけだしたらよいのかという問いは、多くの思想家たちのテーマだった
のです。このイラストでは、その第三の道が Bodenreform〔土地改革〕と
されていますが、それに留まらず、世界を導く何らかの第三の道が探され
ていたのです。

　同じような探索を前期のユングもまさしく行っています。先ほどもお伝
えしたように、意識と無意識の間を行く道を探し、宗教のない合理主義の
世界と宗教に身を任せて個人の成立しない過去の世界の間に、第三の道を
探し、それを心理学が担うのだと考えていたのでしょう。

　しかし、この「第三の道」も、歴史的には完全に挫折します。近代化へのアンチテーゼとそこから探索された「第三の道」ですが、第一次世界大戦で敗戦国となり貧困にあえぐことになったドイツは、この「第三の道」を探す以外に方法がない状況に追い込まれ、「国民社会主義ドイツ労働者党」を支持することになります。あらゆる要素を一つに組み込んだ名前を冠して、「国民」と「社会主義」と「労働者」を組み込んで、右も左もすべて一つにして、ナチスをつくり出します。そして、ナチスが目指したものが、やはりまさしく「第三の道」なのです。近代化を突き進むのではなく、自然にかえって、動物を愛護して、食料を分かち合って、自然農法を実践して、女性を家事労働から解放して、しかも、古代から続く神話の世界に基盤をおいて、進歩と伝統を一つにする第三の道を志して、新しいドイツをつくろうとしたわけです。

　モンテ・ヴェリタで取り組まれたことも、前期のユングが考えたことも、実はこのナチスの取り組みと似たところをもってしまっています。「第三の道」を政治的に実践して具現化すると、すべてを一つに包み込んでしまうわけですが、始まりでは個々の多様性を保った上で、個性を伸ばして、すべてを大切にしようとしています。けれども、そんなことはできず、決定的に排除するものを一つだけ作って、それがなんとファシズムになりホロコーストを生んでしまったわけです。

　自我や近代性や支配の論理を超えていくために、自然にかえって無意識を重んじることが必要だったわけですが、その取り組みの危険性を、ユングはここで目の当たりにすることになります。1933年、ナチスドイツが台頭して以降、自分のやっていた取り組みと相当似たものが、決定的に間違った方向に進むのを見てしまいます。心理学が内的世界を重んじて、そこに古くから受け継がれてきた美しい神話やおとぎ話や深遠な象徴の意味を見て、その肯定面を宣伝するだけでは、同じように、過去に意味を与えて、それを復活させて近代を乗り越えようとした「血と土」の運動、つまり、ナチスの運動と同じものとなってしまうわけです。

　そして、ここからユングは後期の思想に向かわなければいけなくなります。なぜなら、ユング心理学が前期の思想のように具現化の道をとってし

まうと、それはほぼナチスと同じ運動になってしまうからです。あるいは、新興宗教的になるとも言えるでしょうか。実際、心理療法における第三のものという考え方がユング派にはありますが、これを第三の道として実体化してしまう危うさがユングの前期思想にはあり、ナチスの実状を見て、そのことにユング自身が気がついたとも言えるのではないでしょうか。無意識をもう一つの世界として重視して、意識的な世界との間をつなぐだけでは、本当の意味での個性化の心理学にはならないということに彼は気がつくわけです。

後期のユングに向かって

ここから、「自然は自然を享受し、自然は自然を支配し、自然は自然を凌駕する」という錬金術の言葉や、「ナトゥラ〔自然〕が未完のままに残したものを、アルス〔アート〕が完成させる」という錬金術の言葉を頼りに、ユングは後期の思想を展開させていくことになります。つまり、自然に立ち返ることや、古代的なものへの復古主義を乗り越えて、自然そのものが自然を凌駕していくという矛盾した道程に入り込んでいきます。

表1に後期のユングの年表をざっと並べましたが、『自我と無意識の関係』が1928年に書かれた後、『黄金の華の秘密』と出会い、このあたりから決定的に後期に入ってきます。この書物はもちろん東洋的なものですが、それは内と外をつなぐものではなく、心の内側での世界の展開に集中していくもので、ユングにとっては錬金術的な志向への道を開くものでした。そして、ちょうどここで世界恐慌が起き、彼がチューリッヒでＥＴＨの

北アメリカ旅行(プエブロ族訪問)	1925		
アフリカ旅行(エルゴン山の先住民訪問)	1926		
『自我と無意識の関係』	1928	ペニシリンの発明	
『黄金の華の秘密へのコメント』	1929	世界恐慌	
チューリッヒ工科大学ETHにて講義を開始	1933	ナチスが第一党となる	
ギリシア、イェルサレムなど地中海の史蹟訪問	1933		
国際総合医学心理療法学会会長就任	1933		
エラノス会議『個性化過程の経験について』	1934		
本格的な錬金術研究の開始	1934		
ボーリンゲンの塔を増築し完成させる	1935		
『ヴォータン』	1936		
『パウリの夢』セミナー開催	1936		
インド旅行	1937	南京大虐殺	
『ゾシモスのヴィジョン』	1937		
イェール大学テリー講義『心理学と宗教』	1937		
『子どもの夢セミナー』開催	1938		
『シンボリック・ライフ(象徴的人生)』	1939	英仏が独に宣戦布告、第二次世界大戦開戦	
『心理学と錬金術』	1944	1941、日本が真珠湾を攻撃し、アメリカに宣戦布告	
『転移の心理学』	1946	1945、第二次世界大戦終戦	
『アイオーン』	1951	朝鮮戦争、サンフランシスコ講和条約	
『ヨブへの答え』	1952	エジプト革命	
『自然現象と心』(パウリとの共著)	1952		
『結合の神秘』	1955		
『現代の神話─空に見られるもの─』	1958		
『自伝』の前半三章の執筆とインタヴュー	1958	1960、ベトナム戦争	
ユング逝去	1961	ソ連の有人宇宙飛行、ベルリンの壁の	

表1

臨時教授になって講義を始めた時に、ドイツではナチスが第一党になります。同じ時に国際総合医学心理療法学会会長に就任し、ユングはナチスに近いのではないかと噂を立てられたりしますが、思想的な近さがあったのですから、致し方ないところもあります。もちろん、ユングは、無意識を重視しながらもファシズムにならない心理学の方法を模索します。その後、エラノス会議で個性化過程の経験についての講義が行われ、1934年前後から、本格的な錬金術研究が始まったと言われています。

　この頃、はっきりとユングは、心理学を具現化する道ではうまくいかないことを悟ります。そして、具現化ではない道をとっている錬金術が大きなヒントになることに気づいていきます。ちょうどその翌年に、そこまで続いていたボーリンゲンの塔の増築を終えて完成させているのも、こうしたユングの変化と一致するように思います。これ以上、ボーリンゲンの塔の増築をせず、具体的なものをつくり出す作業はやめたわけです。ここからユングは、基本的には内界をつくる作業に集中して入っていきます。『ヴォータン』を描き、『ゾシモスのヴィジョン』、イェール大学でのテリー講義『心理学と宗教』、『子どもの夢』のセミナーと、ユングの思想が第三のものに向かうことなく、深く鎮静していくほうに進んでいきます。そして、『象徴的人生』のインタビューの年に、第二次世界大戦が本格化して、その戦乱の最中に『心理学と錬金術』が書かれ、『転移の心理学』が書かれていきます。第二次世界大戦が世界を大きく動かしていた頃、ユングは、第一次世界大戦の前に「赤い海のヴィジョン」を見ていたのとは異なり、外と内を結びつけることなく、完全に内界のほうに行ったわけです。対象化される作業ではなくて、内化される作業を行い、行動化せずに、徹底して内側に入る動きをしていきます。

　現代の私たちが自分たちの在り方を反省しなくてはいけないところが、この辺に感じられます。いま、実証的なことに頼る心理臨床が主潮で、連携やソーシャルワーク的なものが求められる時代ですが、心理療法が適応を目指して外側で動けば動くほど、長い歴史や伝統や、個人を超えたものへの同化を生み出さざるを得なくなります。それは、実は全体をつくることになり、個々の心の生成にはならないことを、私たちはもう少し理解し

ておく必要があるようにも思います。後期のユングは、外側の世界に適応することをもはや考えません。外と内をつなぐのではなく、内側で自分自身の心に対して、あるいは魂と呼ばれるものに対して関わり、心に、魂に適応していくほうに向かいます。

　前期のユングは、「個人と科学」に根ざして、「自我」の立場で無意識を対象として見て、自然主義的に心を考えていこうとしました。そうして、人々の内側で進行しているものに関心を払って、それを外側へと展開させようとしたとも言えます。しかし、内側と外側をつないで変化をもたらす第三の道が、ある種のアクティングアウトだったことに気がつきます。ナチスという失敗例を知って、同時に錬金術に啓示を受けて、目に映るものではなく、目に映らない世界の重要性を再発見していきます。

　冒頭で紹介した洞窟の寓話で言うと、洞窟の外に出る啓蒙でもなく、洞窟の奥の壁抜けでもなく、もちろん盲目のままに洞窟に留まるのでもなく、いま自分がいる場所である洞窟の在り方を引き受けて、外の太陽のことも、壁抜けのシャーマニズムのこともわかった上で、洞窟の中にいる自分自身に取り組んでいくと言えるでしょうか。

　ユングはよく「心理学にはアルキメデスの点がない。自分の外側に立って自分を知ることができない」という言い方をします。私たちはどうやっても心の外には出られません。つまり、外側に立った自己関係は成立せず、常に内側において自己関係を築き、内側において他者と出会うしかないわけです。自分の外側に立たずに自分自身を振り返り、自分と関わろうとするわけですが、そうすると、どうしても自己矛盾や自己否定が生み出され、葛藤に陥ることになります。

　この苦しい自己関係の一つの方法として、ユングは「円環すること（circumambulatio）」を提案します。まだ自分の知らないある種の中心をめぐって回る、という方法です。中心が何かわかっていてそれを精密に分析するという方法ではなく、中心が何かはわからないまま、しかしそこに中心があると見定めてその周りをぐるぐる回るのです。あるいは、同じことが「自己対話的」という言い方や、「ウロボロス的」という言い方で表されることもあります。「わからないものの周りを回る」。そうやって、心が

心と関わり、自己関係していくのです。後期のユングの代表作の一つ、
『心理学と錬金術』の中で、この円環、自己反省、ウロボロスを次のよう
に言い表しています。

　　「目的に至る道は、はじめは混沌として見通しがきかない。そして、
　とてもゆっくりと、目的地を目指している兆候が現れて、それが増え
　てくる。この道は、真っすぐではなく、見たところ、円環している。
　よりはっきりと認識できるようになると、それが螺旋状であることが
　わかってくる。つまり、夢のモチーフは、一定の時間感覚を置いて、
　いつも繰り返しある特定の諸形態に立ち戻り、その諸形態の性質は、
　一つの中心を指し示している。しかも、問題となっているのは一つの
　中心点、あるいは求心的な構造であり、場合によっては、分析初期の
　夢にすでに現れていることもある。無意識的な経過の顕現としての夢
　は、中心の周りを回り、あちこち歩き回りながら、より明確に、より
　包括的に、拡充しながら中心へと近づいていく」

同じことを別の言い方でも表現しています。

　　「心的性質の二重の在り方を適切に表すために、私は曖昧で多義的
　な言葉を使わなければならない。私は曖昧な論述をしようとして、意
　図的かつ念入りに試みる。なぜならその論述は、曖昧でないものより
　も優れていて、［私たちの］実存の本質に、よく対応しているからで
　ある」

　曖昧でないものよりも、曖昧なものが優れている在り方が、心の在り方
なのだと、はっきりと明言しているわけです。ただ、もちろん曖昧なまま
でいいと言っているわけではありません。曖昧である在り方に、意図的か
つ念入りに関わっていくのです。そしてそれが、そもそも人間の心の在り
方だと宣言しています。
　みなさんのなかには、自分の夢を書き留めて、それを自分の分析に持っ

ていく方がおられると思いますが、夢を書き留める時に、自分自身が見た夢を言葉で表現して分析に持っていくのに苦心すると思います。そんな時に、曖昧な夢をわかりやすくしてしまうのではなく、その夢の曖昧さを保ちながら、それを表現するように努力しているのではないでしょうか。夢で体験したものを丁寧に、念入りに、表現して、この世の言葉にして、誰かに伝えられるものにしなくてはいけない。しかし、大事なのは、曖昧な夢を何とかとらえようと努力することですし、それをわかりやすいものに変えずに、よくわからないならよくわからないままに、それでも表現することです。そうすると、おそらく、その夢の作業を通じて私は私と関わり、心は心と関わっていくことになります。

心の内での循環と生成

　もう一つ同じことを表現の仕方を変えて言葉にしてみると、錬金術のペリカヌスという象徴を挙げることができます。ペリカンが自分自身の体を嘴でつついて、自分自身の心臓から血を取って、その血で子どもを育てるという伝説です。これは錬金術の一つの考え方であり、実践の方法です。これがキリスト教的になると、自己犠牲の話になってしまうのですが、ユングはペリカヌスという錬金術のレトルトの形に注目して、みずからの内側で循環して、外側から何も侵入させず、新たなものを取り入れず、自分の中にあるものそのものが循環形式によって変化していくことを、この象徴で示しています。

　外側から勝手に新しいものを持ち込まないのです。レトルトは完全に閉じていて、熱が加えられたり、冷やされたりして、中身の状態は変わるものの、そこに何も付け加えられることはなく、その循環の中でなぜか金が錬成されていきます。このような錬金術の作業こそが心理学の作業であると考えているのです。援助者は助言をしたり、投薬をしたりせず、被援助者も新しい知識を得たり、スキルを学んだりするのではなく、何も新しいものは加えられないまま、ただ循環することの中で、変化が生じるのです。もちろん、自然科学的にはそんなことは成立しないのでしょう。しかし、心はむしろそうして、自分自身の中において変化していくことが何よりも

大切で、自分そのものが自分そのもののままで、それでいて、ある種の水準が変わり、在り方そのものが変化するのです。教え諭したりする必要はないし、情報を付け加える必要はなく、クライアントは、クライアント自身のもっているものだけで、それをその人の中で蒸留しながら、発酵させながら、あるいは、ここでは、固体を液体にして、液体を気体にして、気体になったものがまた液体になって、固体になったりしながら、その循環によって変化していくのです。

　後期のユングは、この循環を、それぞれのクライアントの中だけで、外側から何も付け加えずにやっていくことが何よりも重要だと考えるわけです。レトルトの中の循環というのは、単なる循環ではなくて、その中心を見つける作業になると言えるのです。一般的にアクティングアウトは、自分の内的なものを外側に投影して行動化することとして、内から外への動きだと考えられていますが、ユングは外から内への取り入れの動きにも大きな問題があることに気づき、まさしくその動きをとったファシズムを見て、明確にそれを意識するわけです。内から外へだけでなく、外から内への動きも、心理学的なものではなく、本来の心理療法は、その心のレトルトの中で、何も外に漏らさず、何も外から加えずに行われるものだと考えたわけです。

　ユング的に言えば、ここには魂のある種の自己運動というものが起きているのだろうと思います。「神話や童話の中では、夢と同じように、魂は自分自身について語り、そして元型はその自然なる相互作用の中で、形成、変成、永遠なる精神の永遠なる遊戯として、その本性を表す」と言われています。また、同じ考えを別の言い方で、「私が目指しているのは、患者が自分の本質について実験を始めるような魂の状態を生み出すことである。そこでは永遠に与えられるものは何もなく、絶望的に石化しているものは何もない。それは流動性、変化、生成の状態である」と言われます。

　徹底して、心それ自身の中に留まり、そこでの自己関係を重んじているのです。そして、それは、とても自由な変成や生成の状態なのだと言うわけです。もちろん単に受動的でよいということではなく、自然が不完全なままに残したものを、錬金術的なこうした円環の作業が完成させるとユン

グは言っています。心の中に閉じこもって安穏としているのではなく、心の中にあるものだけで作業を続けることが大切なわけです。つまり、何かを持ち込んだり付け加えたりする必要はなく、中心を見定めながら、循環作用を起こしていくのが心理学の本質なのです。

おわりに

　はじめにお話ししたように、歴史的に見れば、近代批判からユング心理学は生まれていると言えます。当然ですが、ユングの前時代のゲーテやニーチェの取り組みを意識しながら、心という未知なものを、ユングは考えていったわけです。それを自我で制御するのではなく、自律的な現実として理解していこうとしました。帝国主義を経て資本主義が蔓延し、自然と伝統が壊されていくなかで、支配の論理が強くなり、自分を超えて自分を支えているような精神的な基盤がなくなります。その中で、既存の宗教に立ち返るのではなく、アルキメデスの点をもたない心理学という科学を志向して、個人の個性化のプロセスを具体的に提示しようとしたのが前期のユングです。

　ただし、この心理学的な志向は頓挫しました。具体的なプログラムとして個性化が考えられてしまう危うさを、1930年代以降のユングははっきりと意識して、それに対して、錬金術をヒントにして、錬金術に啓示を受けながら、心そのものの中に内化するのです。心そのものの自己運動に付き従うことが何よりも重要だと考えるようになったわけです。自己関係という心の動きに心理学の本質を見つけて、それを結合の神秘として書き表していったのだと思います。

　個性化として具体化するのではなくて、心そのものの自律的な運動が心理学であって、私たちにできることは、おそらくそういう心理学的な心の動きを自分自身の中に生み出し、その動きを自分の中で発見し、あるいは、クライアント自身が心理療法の作業の中で、それを発見していくことなのではないでしょうか。

　今日は、ユング心理学を歴史的な観点から見て、前期のユングと後期のユングの違いをみなさんにお話ししてきました。少し違った角度からユン

グを見直すことで、風前の灯火のユング心理学に、もしかしたら、新たに興味をもってくれる人が一人でも二人でも生まれるかもしれないと思って、このような話をさせてもらいました。

　この時代における心理学は、世の中の隙間で細々と行われる作業なんだと思います。広く多くの人に伝えようとすること自体がアクティングアウトで、逆に、世の潮流に合わせて外から安易に取り入れていくのも、逆方向のアクティングアウトですから、どちらにも関心を払うことなく、足元を見て、自分の心の中に動いているものを見て、それと共に丁寧に作業していくのが重要なのだと思います。もはや時代にもてはやされてはいませんが、不思議なことに、こうした心理学を必要としている人は絶えないような気もします。具現化する心理学ばかりがもてはやされているように見えますが、コロナ禍を経て、あえて内的な作業へと向かう心理学を選んで来る人たちが増えている気もしています。心理学が社会化すればするほど、本当に心を中心に置いた心理学への関心を取り戻す人も増えているのかもしれません。大きく広げずに、小さく閉じこもりながら、しかし門戸は開きながら、ユング心理学を続けていく意味はあるのではないかと考えています。今日の話が皆さんの中で何らかの作業につながっていくことがあるならば、幸いに思います。ご清聴いただき、どうもありがとうございました。

　　付記：本稿は、2023年3月5日にAP品川（東京都港区）およびオンラインのハイブリッド形式で行われた2022年度第10回日本ユング心理学研究所研修会の全体講演をまとめたものである。

　　猪股　剛（いのまた・つよし）………………………………………………………………
　　1969年生まれ。京都大学大学院教育学研究科博士後期課程修了。博士（教育学）。ユング派分析家、臨床心理士、公認心理師。現在、帝塚山学院大学准教授。著書に『心理学の時間』（単著）『ホロコーストから届く声』（編著）『遠野物語　遭遇と鎮魂』（共著）、訳書に『近代心理学の歴史』『分析心理学セミナー1925』『ユングの神経症概念』『C・G・ユングの夢セミナー　パウリの夢』（いずれも共訳）などがある。

論　文

研究論文

説経「苅萱」を読む
日本中世の語り物における救済について

森　文彦
神戸同人社

1　はじめに

(1)　本稿の目的

「苅萱」は我が国に古くから伝わる物語である。「苅萱」の特徴は、仏教的な観点から見た救済をテーマとするとともに、「家族の個性化」とも言うべき視点の重要性を示唆していることである。日本における心理療法を考えるとき、「苅萱」の読み解きは重要であると思われる。以下、本稿では説経「苅萱」をユング心理学の観点から考察する。

(2)　救済の物語としての説経節と本地物

説経節は日本の中世に起源を持ち、高野聖など回国する仏教者たちが布教や勧進を目的として寺社の境内や街頭で経を説き、あるいは寺社の由来などを語ったことが始まりとされている。この人たちはささらを伴奏に使ったので「ささら乞食」とも呼ばれた。説経節はまさに民衆が語り、民衆が享受することによって発展した芸能といえる。

説経節の多くは本地物であった。本地物は本地垂迹説を背景にし、「主人公は神仏の申し子として誕生し、人間界において人間が現実に受けてい

る憂悲苦悩と同じものを身に受けるが、神仏の加護により救済され、やが
て神仏に転生する」（中村他, 1989, p.750）。

　聴衆は、自分と同じ凡夫である主人公が、この世の汚辱にまみれ非常な
苦労を重ねるが、最後には救済され神仏として祀られることに共感したの
であろう。それでは救済とは何か。

　Jung（1958b, par.841）は「救済（redemption）は、それ以前の暗く無意
識的な状態からの分離と解放であり、明るく自由な状態へ、つまりすべて
の“与えられた条件”（everything "given"）の克服と超越へ導くのである」
と述べている。

　Jung の高弟 von Franz（1980a/2004）はおとぎ話の中の救済について論
じているが、そのひとつに、主人公に被せられた動物の皮が燃やされたと
き人間に戻るというモチーフがある。すなわち救済とは人間が本来の姿に
戻ることである。人が持って生まれた自分の本質、つまり「個性」を回復
し実現することである。説経節は個性化の種々相を描いているといえよう。

⑶　語り手高野聖

　中世物語文学の研究者によれば、高野聖と呼ばれる人々が説経節の成立
に深くかかわり、中でも「苅萱」は主として高野聖によって語られた（五
來, 1975, p.124他；室木, 1970, p.275）。高野聖は諸国を行脚し高野山の信仰
を広め、堂舎修復等の資金を集めた。したがって、聖たちは人々に語りか
け、そのこころを動かさなければならない。そのためにも様々な本地物が
語られたのである。中でも「苅萱」は高野聖たちが主人公繁氏に仮託して
出家者の理想、悩みと苦しみ、そして最終的な救済への希望を語った物語
といえる。そこでの切実なテーマは「救済のためには何が必要か」であっ
た。

2 説経「苅萱」を読む

「苅萱」の前半は主人公繁氏の出奔と出家に始まり、彼の後を追って妻と息子が高野山に来るまでである。中間部分に空海とその母にまつわる伝説「高野の巻」が挿入され、後半は繁氏と息子石童丸の物語となる。テキストは荒木・山本（1973）を参照した。

(1) 繁氏の物語

1 繁氏の人物像 繁氏は21歳、御台は19歳、3歳の千代鶴姫がいる。繁氏は筑紫の武士団、松浦党の首領で、九州全域を支配していた。繁氏は家族、年齢、所属、地位が明らかである。したがって、「苅萱」はおとぎ話ではない。しかし、内容はかなり神話的であり、主人公が普遍的無意識の中の様々な元型的存在と接触することで物語は進んでいく。

3月のある日、繁氏は花見の宴を催した。そのとき桜の蕾が落ちてきて繁氏の杯の中に入り、三度巡った。「繁氏悟りの人なれば……老少不定と思召し」出家を決意する。

一族の人々は「花見の席で花が散るのに何の不足がある」「出家などは、敵に領地を奪われて身の置き場がないときにするものだ」と説得する。しかし、繁氏は「そんな出家は世渡りだ。栄華や財産を振り捨て遁世することが真の出家」と持仏堂に引っ込んでしまう。

「苅萱」は本地物でありながら、繁氏の両親への言及がまったくないことが注目される。通常、「小栗判官」「信徳丸」「愛護若」などの本地物では、子のない夫婦が神仏に申し子して主人公が生まれるまでの経緯が詳細に描かれる。この点で「苅萱」は異例である。

語り手は繁氏の父母への言及を省略したに過ぎないのか。しかし、「苅萱」では父なるもの、母なるものとの関係性が非常に重要なテーマであることから、これは考えにくい。

　これについては、繁氏は父親元型および母親元型との適切な関係を欠いた青年であったと考えることができる。その欠落は人生への出発にあたって彼に"与えられた条件"（Jung, 1958b, par.841）であり、彼の課題であった。

　繁氏の社会性もかなり未熟であった。繁氏は出家の希望や計画を一族にきちんと説明することなく、持仏堂に籠ってしまう。プライドは高いが、独善的で無責任といえる。

　しかし繁氏は自分に何か深刻な問題があることには気づいていた。このままでは自分の人生は惨めな失敗に終わると危機感を持ち、救いを求め、普段から出家を考えていた。

　蕾が杯の中で3回「巡る」ことは周回を思わせる（Samuels et al., 1986/1993, p.70／以下、ユング辞典）。繁氏が3回の転変を経て救済されるという啓示であるかもしれない。あるいは『古事記』の国産み神話のイメージも見ることができよう。

　御台は夫繁氏を引きとめる。自分は身重で、あと3か月で出産するので、出家はそれまで待ってほしいと言う。繁氏は意識的には、出家して高いレベルに向かうつもりなのだが、無意識的には、現状をいつまでも続けたい気持ちもある。変化を望まない御台は繁氏の「無意識の惰性」（von Franz, 1970/1979, p.56）を表現しているともいえよう。

　繁氏は「それならば出産まで待つ」と奥方を油断させる。繁氏の最初の嘘である。ある夜、繁氏はひそかに出奔し京に向かう。子どものことは「女の子であれば、好きなようにせよ。男の子なら石童丸と名づけ、成長後は出家させよ」と書き置きする。

2　法然上人との出会い　京に着いた繁氏は清水寺に行き、ひとりの聖から、出家するなら法然上人に会えと教えてもらう。繁氏は黒谷に走り、浄土宗の開祖法然上人に会う。法然は「あなたが、親が来ようと子が来ようと、会わない、見ない、還俗することはないと誓うのであれば髪を剃ってあげよう」と言う。

　繁氏は「（もし誓いを破れば）それがしがことは申すに及ばず、一家一門、一世の父母に至るまで、無間三悪道に落とし（てもかまわない）。国

許よりも親が参る、妻子が参るとも、二度と還俗はいたしません」と誓う。彼の様子は「身の毛もよだつばかり」であった。

　ここで繁氏は「わたしには妻も子もいません」と付け加える。彼の二つ目の嘘である。しかし、法然は家族からの心理的分離と自立を要求しているが、独り身は要求していない。それは不必要な嘘であった。繁氏の御台への接し方は、彼が内的には一度も真の結婚を経験していなかったことを疑わせる。また、彼は娘千代鶴姫を捨ててきた。「妻も子もいない」というのは、内的には真実であったといえよう。その内的な真実が、つい口から出てしまったのである。それは、彼の外面と内面の間の大きな矛盾を示すものであった。しかも彼は神仏の前で誓っていたのであり、神仏の前で思わず嘘を吐いたことに気づいて、彼は「身の毛もよだつ」思いを味わったのであろう。

　法然上人は繁氏を剃髪し、戒を与え出家させた（出家名は道心）。法然は父親的存在として繁氏に通過儀礼（剃髪）と規律（五戒）を与えたのである。出家後の13年間、繁氏は熱心に修行した。この年月は繁氏の教育と、次の重要な変化への準備期間であった。

3　石童丸の誕生、成長と京への出発　物語は、繁氏の出奔直後の筑紫に戻る。若君が生まれ石童丸と名づけられた。「石」の元型的イメージと「子ども」（童）の元型的イメージの組み合わせである。「石」から「硬さ」や「柔軟性のなさ」を連想するならば、「石童丸」は父親繁氏の未熟で固く硬直した姿を反映しているといえよう。

　しかし、石のイメージは多様である。古代から巨大な石は磐座として信仰された。石庭は深い精神性を表現する。錬金術で言う石、「ラピス」は賢者の石であり、自己実現と個性化を象徴するとされる（ユング辞典, p.174）。

　一方「童」（子ども）からまず連想されるのは可能性であろう。華厳経の善財童子のように、子どもは遍歴を通じて様々な師に教えを受け成長する豊かな可能性を持つ。Jung は、子どもは「人間の最も強力で最も不可避的な衝動、すなわち自己自身を実現せんとする衝動」であるという（Jung, 1959/1983, par.289, p.72）。「石童丸」は、遍歴を通じて自己実現と個

性化を達成しようとする強力な衝動を表現している。繁氏の出奔時、石童丸がまさに生まれようとしており、繁氏がその子を「石童丸」と名づけたことには深い意味があった。

石童丸は外的には繁氏の息子であると同時に、内的には繁氏の分身である。「苅萱」での石童丸を考えるときには、常にこの二重の視点が必要であると思われる。

石童丸が13歳になったある日、彼は母親に「自分にはなぜ父親がいないのか」と質問し、父が京で出家したことを知る。彼は姉と一緒に父を捜しに行くという。

繁氏は自分が父なるものを求めて家出することまでは自覚していなかった。京に着いてからの具体的計画もなかった。しかし、石童丸には父に会うというはっきりした目的があった。法然上人を訪ねるという具体的な計画があった。家族の了解を求める社会性が育っていた。姉千代鶴を同伴することで、内的な女性性の協力を得ようとする賢明さがあった。

石童丸は13年前の繁氏よりも明らかに成長している。石童丸を繁氏の分身と考えれば、彼は繁氏の黒谷での修行の成果を反映しているのである。

しかし、御台は息子を易々とは手放さない。千代鶴ではなく、自分が一緒に行くと言う。また、石童丸もそれを受け入れる。母なるものに反抗する力はまだ繁氏や分身の石童丸には育っていない。その力の発揮は、空海とその母を待たなければならない。

4　舞台は高野山へ　13年目の正月、繁氏は上人に「お暇を頂戴したい。わたしは高野山に上ることにします」と願い出る。上人は「このまま黒谷で修業せよ。最後まで導いてやろう。国に下るつもりならば、懺悔してからにせよ」と繁氏を引きとめる。

老師に「懺悔せよ」と言われた繁氏は告白する：「ここに来た最初、出家したいあまりに嘘を言いました。わたしには妻も子もおります。それを見捨てて京に来ましたが、故郷では息子が生まれ、成人し、母と一緒にわたしを探しに来て、わたしの衣の裾に縋りつき『落ちよ』と呼びかける夢を見ました。……そこで女人禁制の高野に上りたいのです」。

主体水準で見ると、「落ちよ」とは「地に足を付けよ」の意味と考えら

れる。無意識は繁氏に「現実の自分の姿に気づけ」と告げているようである。御台というアニマと石童丸という分身、この二つの重要な心的存在と繁氏が向き合い、関係を構築するべきとき（カイロス）が来ていたのであろう（河合, 1967, p.239）。しかし、繁氏はこの夢を恐ろしいことの予言と思い込んでいて、夢の意味を深く考えないまま高野山に行こうとする。

　法然は「最後まで導いてやろう」と言う。師の誠意ある言葉である。繁氏には、法然の指導のもとで家族と会うという選択肢もあった。それを択べば、家族と会わないという誓いからは解放されたはずである。しかし、繁氏は誓いに縛られたまま高野山に行く。

　上人から繁氏が既に黒谷を去ったと知らされた御台と石童丸は高野山に向かう。麓の宿の主人は、高野山が女人禁制であることを告げ、空海とその母の物語「高野の巻」を語る。

---

(2)　空海と母の物語

1　空海とあこう御前　空海とその母の物語は前半と後半に分けられる。前半ではあこう御前の出自が描かれている。彼女は唐国の帝の娘であった。別の帝と祝言したが、気に入らないと送り返された。父帝は彼女を海に流すが、舟は日本に流れ着き、讃岐の漁夫が拾い上げる。漁夫は彼女をあこう御前と名づけ養女にした。やがてあこう御前は日輪に申し子し、空海が生まれた。空海の成長や唐国での活躍も描かれるがここでは割愛する。

　後半は、あこう御前と空海が再会する劇的な場面である。あこうはこのとき83歳。息子に会うため高野山に上ろうとした。そのとき、辺りは俄かにかき曇り、山は震動雷電した。空海は怪しみ、様子を見に行った。すると、高齢の尼が地の底にめり込んでいる。あこう御前は地底に埋められ、自由を奪われた地母神であるといえよう。

　空海が「いかなる女人か」と詰問すると、尼は「自分は讃岐のあこうという女である。息子がこの山にいるのだが、別れてから今まで会っていない。我が子が恋しいままにここまで来た」と言う。ここには切っても切れない家族のつながりが表現されている。

　空海は「わたしこそが息子の弘法です。ここまで上って来られたことは
ありがたいが、この山は女人禁制なのです」と告げる。母御は「わが子の
いる山へ上れないことは腹の立つことよ」と言って、そばにある石を捩じ
った。その石を捩石という。また、火の雨が降ってきたので、空海は岩の
陰に母を避難させた。その岩を隠し岩という。

　大地にめり込んでいたあこう御前は、出家者たちが悟りの妨げとして切
り捨て、無意識の底に沈めてきたすべての母親、すべての女性の代表であ
る。火の雨は否定された母性の怒りの爆発と考えられる。捩石と隠し岩は、
空海がまず母御の感情の爆発を受け入れ、さらに彼女がさらに傷つかない
ための配慮を行ったことの表現であろう。

　母は「いかに偉大な僧とはいえ、父がいて母がいてこそ生まれたのでは
ないか。一人しかいない母に里に下れと言うのは情けない」と涙を流す。
空海は「親不孝で言うのではありません」と袈裟を脱いで岩の上に敷き、
「これを越えておいでください」と言う。母親は「我が子の袈裟なれば、
なんの子細のあるべき」とむんずと袈裟を踏み越える。

　母を前に空海は、袈裟、つまり僧としてのペルソナを脱ぎ捨てた。その
袈裟をあこうが踏み越える。これによって、高野山の開基空海の世俗的な
意味での権威が否定された。ついで、女人禁制という掟への盲従が否定さ
れた。すると、41歳で終わったはずの月のさわりが芥子粒となって袈裟に
降りかかる。あこう御前の生命力が復活するのである。

　「さわり」として否定的に呼ばれていた女性の生命力と、袈裟という聖
なるものが触れ合う。火炎となって昇天する空海の袈裟は、日輪（空）の
強烈な意識性と海の深い無意識性、あるいは男性性と女性性、あるいは一
般にすべての対立物の両極の間に流れる巨大なエネルギーを示している。
昇天は、対立物の止揚（統合）へ向けた上昇の動きであろう。

　このすぐ後で「母御、煩悩の人界を離れ、弥勒菩薩とおなりある」と記
されている。あこう御前自身が煩悩を捨て、救済され、菩薩となったので
ある。地中に埋もれていた老地母神が若く健康な女性の生命力を回復し、
菩薩への変容を遂げた。地母神イザナミが黄泉の国から解放されたといえ
るかもしれない。また、1950年に初めてローマ教皇が公認した聖母被昇天

と同じイメージが、中世日本の物語に見られることも興味深い。

2　なぜ空海か　父も母もまったく言及されなかった青年繁氏は、法然上人において「父なるもの」を経験した。次の課題はなんらかの形で「母なるもの」を回復することであろう。この課題は、空海が母あこう御前と対決し、地底から彼女を解放し、自由となった母が弥勒菩薩に変容することで実現された。ただし、解放者は繁氏ではなく空海である。

　民俗学者真野俊和（1986）によれば、高野の巻は「孤立した」物語であるという（p.97）。つまり、独立した物語であり、語り手たちは別途成立していた空海説話を再利用したのではない。この劇中劇は、最初から「苅萱」の一部として、空海を主人公として構想された可能性が高いのである。高野聖たちは、なぜそれを繁氏の経験として描かなかったのか。

　大地に埋もれた地母神を解放し、「母なるもの」との新しい関係を実現することは大変な仕事である。それは、無意識の持つ強い惰性の力から自由になり、人間本来の意識性を確立する物語である。Neumann（1954/1984）の言う英雄神話であり、「太母とのウロボロス的近親相姦」（上巻 p.52）を打ち破る英雄的行為といえよう。高野聖たちにとっては、その仕事を遂行する英雄は空海以外になかったと考えられる。

---

(3)　繁氏と石童丸の物語

1　奥の院での出会い　地母神あこう御前の変容とともに、夫や息子を支配したいという御台の強迫的な欲求も解消された。御台は、自分が高野山に上ることは諦め、石童丸一人を行かせる。石童丸は6日のあいだ高野山を彷徨するが、父を探し当てることはできない。諦めて下山する前に奥の院へ行く。空海の墓所である。そこへ花篭を持って奥の院から帰って来る一人の聖とすれ違う。それは繁氏であった。

　現在も、高野山では空海は奥の院で禅定に入っていると信じられている。奥の院は高野山の中心であり、そこで瞑想する空海はこころの世界全体の中心、つまり自己の元型的イメージであるといえよう。花篭の花は奥の院を荘厳する。繁氏は御台や千代鶴姫など彼の内的な女性性を深く傷つけて

きたが、今や彼の内界には優しさや共感性が生まれつつある。繁氏は内的な女性性を通じて自己元型に接近し、奉仕することを学び始めているといえよう。

見知らぬ聖を懐かしく感じた石童丸は彼にすがりつき「繁氏を知らぬか」と言う。繁氏はそれが我が息子であることを知り、驚き涙を流す。石童丸はそれを見て、「あなたのような心優しい、涙もろいお聖さまは初めてです。あなたは父の居場所を知っているように思えます。教えてください」と言う。繁氏は子どもの鋭い直観と賢さに感心するが、ここで躓く。彼は「家族が来ても会わない」という法然上人との誓いに縛られている。「その者は自分とは仲の良い相弟子であったが、去年の夏、不思議の病でむなしくなった」と偽りを言う。

繁氏は単に「そのような者は知らない」と言うこともできた。仲の良い相弟子とか、不思議の病とか手の込んだ嘘をつく理由はあったのか。高野山に来た繁氏は空海の教えに触れた。そこには何か、彼を生まれ変わらせるような「不思議」としか形容できない経験があったのであろう。繁氏は自分の前に現れた息子に、自分の不思議な経験のことを告げたいと感じたのではないか。自分は生まれ変わったのだよ、と。しかし、それが嘘であることも間違いない。この嘘によって繁氏は追いつめられ、同時に繁氏の個性化過程のクライマックスが始まった。Jung を引用して von Franz (1970/1979) は「出口がないとか、解決のない葛藤の中にいる状況は、個性化の過程の古典的な始まりである」と述べている (p.118)。

父の死を告げられた石童丸はさめざめと泣き、父の墓を教えてほしいと言う。困った繁氏は、石童丸を別人の卒塔婆のもとに連れて行く。石童丸は母にも拝ませようと卒塔婆を担いで下山しようとする。慌てた繁氏は、新しい卒塔婆にいろいろ書いて石童丸に渡す。嘘は嘘を呼び、ついに卒塔婆まで偽造することになったのである。

卒塔婆はストゥーパの音写であり、原義は仏舎利を収めた仏塔である。頼富 (1990) は仏塔を「聖なる世界そのものを象徴した存在」としている (p.169)。それを偽造することは、非常に罪深いことといえよう。法然上人への誓いに縛られた繁氏は自分を名乗らない。その結果は卒塔婆の偽造

にまでつながった。それは、繁氏の内的な女性性をさらに深く傷つけることであった。御台は石童丸の下山を待たず急の病で命を失う。

　石童丸は山に引き返し、知り合ったばかりの親切な聖に母の死を告げる。繁氏は驚き、石童丸と山を下り、御台の野辺の送りをする。繁氏と御台とはついにこの世で再会しなかった。

　母の遺髪を持って石童丸は筑紫へ戻る。館に着くと姉の葬儀が行われていた。姉の千代鶴姫も先日むなしくなったのであった。御台の死は千代鶴の死に直結したのである。

　2　繁氏の悲嘆　母と姉を失い、そして父親も失った（と信じている）石童丸は、国のことは親族に預け、高野山に戻る。御台に続き千代鶴もむなしくなったことを知った繁氏は、流石に衝撃を受け、涙を流す。語り手はここで節をつけて語る：

　父道心は聞しめし、さて情けなやの次第やな。さてそれがしこの山で、出家の法はなさずして、人を殺すか悲しやの。あの子に親とも名のりて、喜ばしょうと思しめすが、ちゅうにて心を引きかえし、あの子ひとりに名のるならば、黒谷にての誓文が、さて無になりて、無間の業が恐ろしや。え名のるまいかの悲しやの。

　繁氏の悲嘆には、現代のわれわれにも通じるものがある。自分は何をしてきたのか。自分は出家という（あるいは心理臨床という）良いこと、真っ当なことを目指していたつもりだった。しかし、実際の自分は無力であり、悲劇を防げないではないか。深刻な自覚と悲しみである。自分は浮き上がっていた。自分の修行は地に足がついていなかった。影の部分を含めた自分の真の姿が痛切に自覚された。

　高野に来る前に見た夢は「自分の本当の姿に目覚めよ」という意味だった。自分は堕ちることが必要だった。そのことに初めて思い当たった。「自分の出家こそが本物の出家だ」という自信と誇り、あるいは傲慢さは打ち砕かれた。御台と千代鶴の死に直面して繁氏は初めて自分の至らなさを真に自覚した。謙虚になった繁氏は、あらためて自己（セルフ）の声に耳を澄ませ、初心に帰り、再出発したと考えられる。

　3　石童丸の出家　悲嘆のあと、我に返った繁氏は、石童丸の身の振り

方を考えねばならなかったと思われる。石童丸は筑紫の一族のもとに帰る
こともできた。それは、武士としての出世と、武勇という自我の優越を求
める生き方であった。一方、このまま高野山に置くならば彼を出家させな
ければならない。様々に考えた結果、繁氏は石童丸に出家を勧めた。石童
丸は繁氏を師として出家した（出家名は道念）。その後、石童丸は樵をし
ながら修行した。

　繁氏はこのときも石童丸に自分が父であるとは告げない。石童丸の受け
る衝撃の大きさへの配慮とともに、師弟関係と親子関係という二重関係の
回避、この二つの点からの選択であろう。それはもはや、法然上人との誓
いのゆえの嘘ではなかった。石童丸の出家を守ることが目的であったと考
えられる。

4　善光寺への旅立ち　しかし、繁氏の旅路はまだ終わりではなかった。
やがて人々は「あのふたりは姿かたちもよく似ている」と噂するようにな
った。親子であると知られるのを恐れた繁氏は、石童丸に「自分はこれか
ら北国に修行に行く。老少不定であるから北に紫雲を見ればわたしが死ん
だと思ってくれ。西に紫雲を見ればあなたが死んだと思うことにしよう」
と告げ、信濃の国善光寺に籠ってしまう。

5　大往生と親子地蔵　数十年後、繁氏は83歳の８月15日正午に善光寺
で往生した。石童丸も同じ日の同じ時刻、63歳で高野山にて往生した。

　テキストの最後は次のように語り納めている：

**　この世にてこそお名のりなくとも、もろもろの三世の諸仏、弥陀の浄土
にては、親よきやうだい（兄弟）父母よと、お名乗りあるこそめでたけれ。
……信濃の国の善光寺、奥の御堂に、親子地蔵と斎われておわします。**

　家族４人は浄土で再会した。家族のマンダラは完成した。法然上人への
嘘が示唆していた内面と外面の分裂は解決された。そののち、繁氏と石童
丸は親子地蔵となって祀られた。

　地蔵とは「地に蔵されている」ことを意味する（中村他, 1989, p.359）。
繁氏と石童丸は、女性的な豊饒性をもって人々を救う地母神的存在へ変容
したのである。

3 考察──日本人と個性化をめぐって

(1) 繁氏の場合──自我優越性の放棄と「自己」の前での謙虚さ

　自分の無力さ、至らなさを徹底的に思い知り、謙虚となった繁氏の姿は、個性化のためには何が必要かを示しているようである。von Franz（1970/1979）は「男性は、彼のすることはすべて誤りであり、選んだ道がすべて悪いことを認識しなければなりません。これは自我の優越性を打ち倒すことを意味しています」「そのとき……自己が現れるのです」（p.118）と述べている。

　自我の優越性の打倒ないし放棄とは「我」の否定であり、仏教で言う「無我」に関係すると思われる。目幸（2015）は「仏教徒として私は、アナートマン（無我）という概念を、個性化プロセス、自己実現の過程として心理学的に理解する。自己の変容的エネルギーに直面するとき、自我は……自我が自分であると考えるものは何事であれ、すべてアートマンすなわち"真の自分"ではないことに気づくのである」（p.197）と述べている。

　「すべて真の自分ではない」つまり「すべて誤り」であると認識することは、非常に困難なことであろう。Jung（1958c）は次のように述べている：「……人間の本性として、自分自身への気づきを深めることへの抜きがたい恐れがあるのだ。それでも我々を意識化へ駆り立てるものは自己元型（セルフ）である」（par.400）。Jung の言う"抜きがたい恐れ"に抗して、自己元型と向き合うだけの強さが自我には要求される。同時に、自我の優越性は徹底的に打破されなければならない。これは矛盾である。しかし、われわれはそのパラドックスを実現しなければならない。説経「苅萱」は個性化ないし救済のための条件として、自我の優越性の放棄と自己との出会いにおける謙虚さの必要性という洋の東西を問わない普遍的な条件を指摘している物語であると考えられる。

　しかし、繁氏の姿はもう一つの問題も示している。それは、家族関係の

否定という問題である。繁氏は出家のため家族を捨て出奔する。黒谷では
法然上人に独身であると嘘をつく。妻と息子を避けるため黒谷から高野山
に逃げる。高野では息子石童丸に嘘をつく。彼は家族関係を否定しようと
して逃げ回る。しかし、家族のつながりは残り続け、最後に家族は浄土で
再会する。これは何を意味するのか。まず、あこう御前について考えてみ
よう。

(2)　あこう御前の場合──母子関係の肯定

　あこう御前は「我が子が恋しいままにここまで来た」と言う。つまり、
あこう御前は、家族の絆の中でも最も強い母子のつながりを強調している
といえる。空海は母御に高野は女人禁制であると告げるが、それは「親不
孝で言うのではない」のである。彼は母子のつながりを否定せず、むしろ
それを受け入れている。彼は火の雨から母を守るのである。ここで示され
ているのは、悟りのために、母子関係という最も基本的な家族関係を否定
する必要はないということである。同様に、夫婦関係、父子関係、きょう
だい関係も否定する必要はないことになる。
　しかしその際、空海が母に言葉ではなく行動を求めていることは注意す
べきと思われる。空海は母に「袈裟を踏み越えて来てほしい」と彼女自身
の主体を賭けた行動を求めた。息子空海の袈裟を踏み越えることによって、
空海の世俗的な権威を否定してほしいと要求したのである。そして、あこ
う御前はそのチャレンジに見事に応えた。悟りのために親子関係や夫婦関
係を否定し去る必要はない。しかし、そこでは当事者たちの主体を賭けた
自覚的、つまり意識的な決意と行動が必要なのだ。それが後出の家族の個
性化につながる。
　このとき空海の姿を借りて語りかけてきたのは自己元型（セルフ）とい
えよう。彼女は最もクリティカルな瞬間において自己の声に耳を傾け、真
摯に反応した。ここでも、救済のためには自己の声に耳を傾ける謙虚さが
必要であることが示されている。

(3) 石童丸の場合──世代間連鎖の克服

　石童丸は会ったこともない父親が引き起こした家族崩壊の後始末を引き受けた少年であった。いつの世にも、もちろん現代にも、父祖が犯した過ちの是正を自分の人生の課題として引き受けている人は多い。易経に「蠱」（父祖の過ちを正す）という卦があるように、これはひとつの元型的状況であると言ってよい。意識的にその仕事を引き受けている場合もあるが、多くの場合、当事者は無意識的に家族コンプレックスの渦中に投げ入れられて苦しんでいる。これが世代間連鎖である。当事者は、自分はなぜこのような重荷を背負っているのか、その根本の原因と意味を知りたいと切望する。神経症と見えるのは多くの場合、そのあがきである。石童丸はその答えを父に求めて旅に出た。しかし、父は既にこの世にいないと知る。

　実は石童丸の父は生きている。彼を剃髪した聖が彼の父親なのだ。石童丸は、父と自分に関する最も重要な真実を知らない。基本的な無知のまま世代間連鎖の中に投げ入れられている。石童丸だけでない、これが人間にとっての普遍的かつ元型的な状況であろう。

　石童丸は基本的無知を抱えつつ出家し、樵をしながら、黙々と修行を続け、最後には浄土において家族と再会し、父と共に親子地蔵となった。

(4) 世代間連鎖と投影

　家族の縁、特に「親となり子となる」という縁は、日本では非常に深いものとされてきたようである。石童丸の悲劇は、彼の出生前、父繁氏がやがて生まれる息子に石童丸の名を与えたときに既に始まっていた。石童丸という名前の解釈は既に検討したが、子どもに名づけるという行為は非常に大きな意味を持つ。それは、親の期待の投影である。繁氏は自分の課題を引き継いでほしいという願いを無意識的に息子に投影している。自己実現の達成という課題を息子に背負わせようというのである。ある意味で、非常に自分勝手で幼稚な投影ともいえよう。

　そのように引き起こされた世代間連鎖から抜け出すには、投影の引き戻

し（意識化）が必要であろう。von Franz（1980b）は、Jung を引用して、投影の引き戻しと個性化は同義であると述べている（p.226）。

　繁氏／石童丸の場合、その投影の引き戻しは繁氏の善光寺行きに表現されているといえよう。繁氏の石童丸との別れは、空海が袈裟を捨てたことと同じであろう。空海は袈裟を脱ぎ捨て、仏道修行を含めた "すべての所与" から自由になった。繁氏は石童丸と別れることによって、「石」ラピス、つまり悟りへのとらわれから自由になったのである。息子を石童丸と名づけたときに抱いていた無意識的な期待、つまり自己実現と個性化という苦しい課題を自分に代わって引き受けてほしいという依頼心を捨てたのである。その放棄によって、繁氏も石童丸もともに投影から解放され自由になったといえよう。

　これは、彼ら父子にとって家族のつながりが意味を失ったということではない。それは物語の最後で、家族が浄土において再統合を果たしたことからも明らかである。

　投影の引き戻しを経て、家族全体の、「自己」を中心に据えた元型的布置が形成され、自然なこころの流れを取り戻すともいえよう。

⑸　家族の個性化

　心理臨床の場で、セラピストは、ケースの背後に何らかの世代間連鎖を見ることが多い。しかし、世代間連鎖の解決はしばしば非常に困難な課題である。原因は様々であろうが、連鎖は誰かの過ちの結果だと考えると、犯人探しに陥ってしまう。

　必要なのは家族全体の個性化と言うべきものであろう。繁氏も石童丸も、御台も千代鶴も、家族すべてが浄土で再会し、マンダラを構成することなのである。

　この世での家族はいずれ何らかの別離を経験しなければならない。死別もあるし生き別れもあるだろう。しかし、まじめに懸命に生きていれば、いつかは極楽浄土で、お釈迦さまや観音さまに見守られながら、蓮の台（うてな）の上で、家族全員が再度一緒になることができる。日本人の心の深層には、

そういうイメージが生き続けている。それは、生の困難さのなかで、われ
われを最終的に支えてくれるイメージのひとつかもしれない。

　繁氏はある意味で、最後まで家族から逃げようとした男である。彼の善
光寺行きでさえ、石童丸からの逃避と考えることもできる。しかし、仮に
それが逃避であったとしても、繁氏の逃避は石童丸の自立した修行の契機
となり、結果的には家族の個性化につながったと考えられる。繁氏は徹底
して家族を否定し、家族から逃げた男であるが、逆に言えば、家族は常に
彼の関心の中心にあった。彼が悟りを開いたとき、それは家族全体の個性
化を意味するものであったわけで、それが浄土での家族再統合のイメージ
で表現されたと考えられる。

　個人の個性化と家族の個性化は、矛盾をはらみながらある布置を構成し、
互いに原因ともなれば結果ともなり、プラス／マイナス両面を含むダイナ
ミックな関係にあるといえよう。そこに必要なのは、家族全体の意識的か
つ無意識的な実践的努力なのであろう。

　日本において心理臨床に関わる場合、自我の優越性の放棄と、自己元型
との出会いにおける謙虚さに加えて、家族全体の個性化とのつながりを見
ながら、個人の自立と個性化を図っていくことが重要であることを「苅
萱」は物語っていると考えられる。

⑹　数 3 について

　「苅萱」物語の中には数 3 に対応することがらが数多く見られる。最初、
繁氏の家族は 3 人であった。繁氏の個性化過程は杯の中で蕾が 3 回巡った
ことから始まった。

　その過程で繁氏は三つの嘘をついた。また、黒谷、高野山、善光寺と繁
氏が修行の場所を 3 度変えたことなど、物語の中に数 3 の例は多い。von
Franz（1974）は「数 3 は力動的な過程の象徴である」と述べている
（p.104）。

　ユング心理学的に言うならば、数 3 は三位一体等の完全性を表す。しか
し、Jung（1958a/1989）は、何事であれ全体を考慮した判断には四元性が

必要と指摘する（par.246, p.148）。したがって、自己実現の力動的過程は
さらに進んで全体性の象徴である数４を目指さなければならない。「苅萱」
においても、物語の出発点では３人であった繁氏の家族が、息子石童丸の
誕生や母御台と千代鶴姫の死などの紆余曲折を経たのち、最終的には浄土
において４人家族が揃うという形でマンダラが完成する。しかし、その完
成はこの現世で達成されるものではなく遥かな彼岸、浄土において達成さ
れるものであることもこの物語は示唆している。

....

4　おわりに

　今も高野山には苅萱堂があり、物語の絵解きを見ることができる。幾世
代にもわたって人々は「苅萱」に親しみ、愛好してきたのである。

文　献

荒木繁・山本吉左右（編注）（1973）．説経節　平凡社（東洋文庫）

五來重（1975）．高野聖　増補　角川選書

Jung, C. G. (1958a). A psychological approach to the dogma of the trinity. *CW*11. Princeton, NJ: Princeton University Press. （村本詔司（訳）（1989）．ミサにおける転換象徴　心理学と宗教　人文書院　pp.183-281.）

Jung, C. G. (1958b). Psychological commentary of the Tibetan book of the dead. *CW*11. Princeton, NJ: Princeton University Press.

Jung, C. G. (1958c). Transformation symbolism in the mass. *CW*11. Princeton, NJ: Princeton University Press.

Jung, C. G. (1959).The psychology of the child archetype. *CW* 9 /i. Princeton, NJ: Princeton University Press.（林道義（訳）（1983）．続・元型論　紀伊國屋書店）

河合隼雄（1967）．ユング心理学入門　培風館

真野俊和（1986）．弘法大師の母　上越教育大学研究紀要　第５巻第２分冊

目幸黙僊（2015）．危機の世紀とユング心理学　創元社

室木弥太郎（1970）．語り物（舞・説経・古浄瑠璃）の研究　風間書房

中村元・福永光司・田村芳朗・今野達（編）（1989）．岩波仏教辞典　岩波書店

Neumann, E.（1954）. *The Origins and History of Consciousness*. New York: Pantheon Books.
（林道義（訳）（1984）．意識の起源史　上　紀伊國屋書店）

Samuels, A., Shorter, B. & Plaut, F.（1986）. *A Critical Dictionary of Jungian Analysis*.
London: Routledge.（山中康裕（監修）濱野清志・垂谷茂弘（訳）（1993）．ユング心理学辞典　創元社）

von Franz, M.-L.（1970）. *The Interpretation of Fairy Tales*. Boulder, CO: Shambhala.（氏原寛（訳）（1979）．おとぎ話の心理学　創元社）

von Franz, M.-L.（1974）. *Number and Time*. Evanston, IL: Northwestern University Press.

von Franz, M.-L.（1980a）. *The Psychological Meaning of Redemption Motifs in Fairy Tales*.
Toronto: Inner City Books.（角野善宏・小山智朗・三木幸枝（訳）（2004）．おとぎ話のなかの救済　日本評論社）

von Franz, M.-L.（1980b）. *Projection and Re-Collection in Jungian Psychology*. London: Open Court.

頼富本宏（1990）．密教とマンダラ　日本放送出版協会

（2022年2月14日受稿　2023年3月19日受理）

●要約 ⋯⋯

　説経節は日本の中世に起源を持つ語り物である。「苅萱」の主人公繁氏は、若い武士であるが、悟りを求めて家出し、各地を放浪し非常な苦労を経験する。彼は妻、師、息子という彼の人生の中の重要な人物に対して嘘を吐く。妻と息子に会うことをかたくなに拒否する。妻と娘の死に衝撃を受け、悲嘆にくれる。彼は自分のこれまでの判断と行動のすべてが間違いであり、自分の出家は妻や娘の死を引き起こしているだけであることを痛感し生まれて初めて謙虚となる。最後には救済され、息子とともに親子地蔵に変容する。これをユング心理学の視点から読むとき、主人公の個性化過程の物語であり、個性化のためには自我の優越性の否定と自己の前での謙虚さが必要であることが描かれている。また、この物語は家族の個性化の重要性を示している。

　　キーワード：苅萱、個性化過程、変容

⋯⋯⋯⋯⋯⋯⋯⋯⋯⋯⋯⋯⋯⋯⋯⋯⋯⋯⋯⋯⋯⋯⋯⋯⋯⋯⋯⋯⋯⋯⋯⋯⋯⋯⋯⋯

Karukaya: A Tale of Redemption in Medieval Japan

MORI, Fumihiko

Kobe Dojinsha

Karukaya is one of the Buddhist tales called *Sekkyo Bushi* in medieval Japanese popular culture. The protagonist, Shigeuji, is a young samurai who runs away from his family in order to become a priest. He spends all his life in ascetic training in various temples in Kyoto, Mount Koya and northern Japan. He lies to important people in his life, including his wife, his mentor, and his son. He stubbornly refuses to meet his wife and son who come to see him. However, he is deeply moved when he learns that his wife and daughter have passed away. He realizes that whatever he does is wrong, and whichever he decides is wrong, and that his priesthood only resulted in the death of his family members. For the first time in his life, he humbly accepts the fact that he is not what he thinks he is. At the end he is redeemed and transformed into Jizo Bodhisattva. The story shows the importance of giving up the superiority of the ego, humble attitude toward the Self, and consideration for the individuation of the whole family.

Key Words: *Karukaya*, individuation process, transformation

印象記

日本ユング心理学会第11回大会印象記

田　佳　潤
NTT 東日本関東病院

　日本ユング心理学会第11回大会は、2023年6月3日（土）・4日（日）の2日間にわたって開催された。第10回大会と同様ハイブリッド形式の開催で、オンサイトの会場は東京都千代田区の連合会館であった。台風2号は3日（土）の昼に温帯低気圧に変わったが、その影響で交通機関への影響があり、オンサイトで参加予定だった講師の先生方や参加者の中には来ることができなかった方も多くいらっしゃったようだ。なんだか暖かく湿った空気のなかでのスタートであったが、本学会の興味深い内容に夢中になっているあいだに、いつの間にか天気も気持ちも次第に晴れゆく2日間の体験であった。

　筆者は、会場からそれほど遠くないところに住んでいて、幸い交通機関の乱れに巻き込まれることもなかったため、すべてオンサイトで参加することができた。1日目の午前中は5つのワークショップが開催されており、筆者は「コースD　エナンティオドロミア——こころという自律性について」に参加した。塚野喜恵先生が事例を発表してくださり、それに対する北口雄一先生のコメントのなかで、ユング派のスタンスとしてこころの自律性という考え方があることを改めて意識化させられることとなった。無意識には本来「自然に伸びていく力があるものの、社会に求められることや先入観、家族などから横やりが入ることで、自然に伸びていくことを妨げられる」というコメントの内容を受けて、自分は無意識の自律性を大事にしながらクライエントと会うことができているだろうかと省みていた。また、セラピスト自身が「切り捨て、間引いてきたもの、伸ばさないよう

にしてきたもの、見ないようにしてきたもの、生かしてこなかったもの」
に目を向けることも大事と聴いて、辞めることにした習いごと、続けない
ことを選択した部活、選ばなかったもう一つの進路など、普段の生活で振
り返ることのなかった自分の過去を回顧した。もしあの時、他方の選択を
したらどうなっていただろうか……と想像を巡らせると、懐かしく嬉しい
ような物寂しいような気持ちになった。

　１日目の午後は、プレコングレス「17世紀における意識の概念の発明」
に参加した。國分功一郎先生の基調講演は、そのご著書同様、哲学初心者
の筆者にも非常にわかりやすく、その内容は、普段わかっているつもりで
用いている「意志（will）」や「意識（consciousness）」という概念について
改めて考えさせられるものであった。まずは『中動態の世界――意志と責
任の考古学』においても記されていたように、「意志（will）」という概念
には切断性があり、それは罪や責任を問うためのフィクションで、行為は
意志の実現ではなく数えきれないほど多くの原因によって生み出されてい
るという説明があった。この導入において、筆者はある臨床上の出来事を
思い出していた。筆者は、総合病院で精神科リエゾンチームの仕事をして
おり、時折、意思決定能力の判断をしてほしいという依頼に対応すること
がある。多くの場合、認知症の高齢者が対象である。近年では医療同意能
力の評価ツールとして MacArthur Competence Assessment Tool for Treatment
（MacCAT-T）が開発されたり、意思決定支援のための枠組みがいくつも
紹介されたりしている。そのため、筆者もひとまず現場のニーズに応えよ
うとするのだが、結局は本人の意思決定能力の有無に関係なく、家族の意
見や状況によって治療や療養場所の選択が揺らいでいくことも多かった。
すなわち、本人の意思（意志）があるようでないような状況があり、最終
的な選択が本人の意思（意志）であるかのようにされる状況も多い。そこ
に社会と切断された個人の意思（意志）が存在していることが当然であり、
自己決定することに能力の有無があって、支えられれば自ずと決定されて
いくものという前提に、私は気持ち悪さを感じていたということが明瞭に
なったように感じていたのであった。國分功一郎先生の講演内容に戻ると、
スピノザは感情の意識と良心を区別しないうえ、社会に先立つ個人の権利

を認めるという自然権を認める立場をとっているとのことであった。これに対して、河合俊雄先生は、ロックの考え方もスピノザの考え方も人間の意識の発達に表れてくると考察され、スピノザの感情や意識に対する考え方は非常に精神分析的である一方、神や自然の捉え方はユング的であると話されたのが印象的であった。また、個人が社会に包まれる存在でなくなったときにセラピーが必要になるという河合俊雄先生のコメントからは、主体的に生きることを求められる現代において、生きづらさを抱える個人がセラピーを受けに訪れるのではないかと連想した。

　2日目の午前は、事例研究発表1‐2「拡散していく語りが『私』へと集約していく中年期女性との心理療法」に参加し、伊藤真平先生の事例と桑原知子先生のコメントを聴いた。そこでは、アイテムがポツポツと置かれた箱庭が提示され、一見どのように考えればいいかわからないものであったが、水位が下がると連関がわかってくることもある、拡散した語りも落ち着いて水位が下がってくるとわかってくることがある、という桑原知子先生のコメントは非常に勉強になるものであった。さらに、桑原知子先生が良い魔法使いと悪い魔法使いの解説をするなかで、「悪い魔法使いは事実しか言わない。例えば、数分後に地震が起きるとか。この話をすると、いつも本当に地震が起きるのよね」と話されたあと、実際に地震が起きたときには、会場にいた皆さんと一緒にユングの言う共時性を体験できたようでとてもワクワクした。

　2日目の午後は、ケース・シンポジウム「膠原病から癌を併発した女性との心理療法──噴き上がるエネルギーと生命の根源に触れること」に参加し、城谷仁美先生の事例と、岩宮恵子先生・桑原知子先生のコメントを聴いた。本事例では、これまで聴いたことも見たこともなかった枠組みでのグループ療法、描画や箱庭を用いた癌患者のグループ療法の実践について知ることができた。このグループ療法の意味として、病によって日常を失った経験がある人々が集まり、お互いが支え合うための器となる、器や枠をつくるためのセラピストがいる、と桑原知子先生のコメントがあった。筆者も臨床で癌患者と多くお会いしており、ユング派心理療法を自分の臨床にもっと取り入れられないかと模索している最中であったため、新たな

可能性について開かれた感じがした。

　以上のように、知的な実りのみならずあらゆる体験ができた有意義で濃密な2日間であった。とても贅沢な時間であったため、夢の中での出来事であったかのように感じられるが、少し湿った肌感覚とともに内容に引き込まれていく会場の風を思い出すと、現実の出来事であったことを実感させられる。今回学んだ多くのことは、余すことなく今後の臨床に生かしていきたいと思う。企画・運営をしてくださり、天候の影響によるトラブルもあったなかで臨機応変にご対応いただいた大会実行委員の先生方、スタッフの皆様に心より深く感謝申し上げたい。

日本ユング心理学会第11回大会印象記

公 文 佳 枝
医療法人社団碧水会長谷川病院

　2023年６月３日（土）と６月４日（日）に日本ユング心理学会第11回大会が開催された。第10回大会に続き、今回もオンサイトとオンラインを併用したハイブリッド形式となり、筆者は会場である東京都千代田区の連合会館へ足を運んだ。初日は線状降水帯が発生して四国から関東にかけて記録的な大雨となり、交通機関にも大きな影響があった。会場参加の予定を急遽オンラインに切り替えた方も多かったことと思う。プレコングレスのシンポジストの一人、河合俊雄先生も Zoom を通じてのご登壇で、会場の國分功一郎先生と川嵜克哲先生とはスクリーン越しで対話が展開された。感染症の世界的流行を機に、インターネット技術は私たちに新たな交流の形をひらいたが、今大会でもその恩恵を感じるとともに、大きな時代のうねりの中で日々を暮らす現実もあらためて実感された。

　今大会のテーマは「西欧近世の意識とユング心理学」であり、プレコングレスでは國分功一郎先生による基調講演が行われた。「17世紀における意識の概念の発明」と題された講演は、白板に板書しつつの講義スタイルで、熱のこもった密度の濃い内容だった。話は國分先生の「意志」に関する問題意識から始まり、「意識（consciousness）」と「良心（conscience）」をめぐる17世紀の思想的展開へと発展していく。16世紀から18世紀が西欧史において、また、哲学史上どのような時代であったかも概観され、目には見えないけれど確実に大きな思考空間が小さな白板を舞台に生き生きと展開していくさまに、大学１年の頃、階段教室で初めて講義を受けた日の新鮮な喜びがよみがえり、心躍るものがあった。

　講演によると、17世紀に「意識」が社会的な「良心」に等しく集合的な
ものであった状態から、国家社会に包摂されない個人の「意識」への転換
が起こったという。河合俊雄先生から、心理学用語でもある「意識」の歴
史的背景を知る重要性が指摘されていたが、個人の内的機構としてのみ考
えがちな「意識」について考えの幅が広がったことは、筆者にとって大き
な収穫であった。このように数百年かけて生じた変化が一個人の内にも立
ち上がると思えば、そのインパクトは革命的に大きいであろうし、心理療
法における一筋縄ではいかない道行きももっともなことかもしれない。

　スピノザの哲学は、個人的「意識」の概念的・抽象的な次元と、快・不
快の価値判断にもとづく「意識（＝良心）」という具体性の次元とのハイ
ブリッドであり、科学性を大事にする一方で、近代科学では無視される直
観知を重視するなど、他の哲学とは「OSが違う」という。講演に続くディ
スカッションでは、ユングとスピノザの接点にも話題が及び、時代も学
問分野も異なる二つの思想が衝突して宇宙空間でスパークするのを目の当
たりにするようなワクワク感があり、先生方の議論をもっと聴きたくて終
了時間の来るのが本当にうらめしかった。

　なお、國分先生はスピノザを大苦労人と表現されていたが、後日読んだ
本で、その苦労が並々ならぬものであることを知った。質疑応答の際、先
生はスピノザの無限性に関する思索にふれて、「生得的な条件としてのそ
の人の本性を大事に生きている時、その人は自由である」と語っていらし
た。それは心理臨床の根本にあることとして筆者の日々の実感でもあり、
また、スピノザの思索が困難な経験をくぐりぬけ、幾世紀を経て今日に残
っていることを思うと、上記の言葉はよりいっそう深い響きを帯びて、面
接室にいる私たちを丸ごと励ましているようにも思われる。

　さて、プレコングレスに先立っては5つのワークショップが行われた。
筆者は「子どもの『解離』とプレイセラピー」をテーマとする田熊友紀子
先生のワークショップに参加した。波多江洋介先生による養護施設での事
例をもとに、田熊先生が解離の事例を見立てる上で前提となる心理学的知
識についてレクチャーされた後、事例について解説していかれた。コメン
トを通じて、プレイセラピーで生じている現象が有機的につながって、一

人の子どもの心の成長が浮かび上がり、大変勉強になった。とりわけ、W・ギーゲリッヒの「心的（psychical）」と「心理学的（psychological）」という二種のステータスという観点をもとに、不安定な養育環境への反応として陥っていた心的な解離の段階から、自らが自らの内面で問題をつくり出す心理学的な解離の段階へ移行が生じつつあるのではとの指摘には、新たなフレームを通じて現象の解像度がグッと上がる感覚があった。心理学的理解をより深くもつために、学び続けること、ものの考え方の枠組みを自分の内に育て、鍛錬していくことがやはり大切なのだと思った。過酷な成育環境にあった子どもがプレイセラピーの場を得ること自体の重要性が具体的に伝わってくるケースで、表現されるイメージの生き生きとした力強さ、事象一つひとつに心を砕きつつ応答していく治療者の誠実な態度も印象深かった。

　２日目には大会企画ケースシンポジウムとして、城谷仁美先生が「膠原病から癌を併発した女性との心理療法──噴き上がるエネルギーと生命の根源に触れること」という題で事例を発表された。指定討論者は、岩宮恵子先生と桑原知子先生であった。グループセラピーと個人面接の併用されたケースであり、病を機に死が切迫な現実として立ち現れたクライエントが、同様の経験を共有するグループの中で、まさに根源的な生命力の横溢そのものといったイメージを表現し、やがて彼女自身の日常へ戻っていく過程が報告された。印象深かったことの一つに、指定討論者の先生から「縁起的な"私"の生起」という話題が出たことがある。病によって日常性を失ったからこそ、人に与えたいという想いをもって集まった人々の場に包まれることで、クライエントは自らの内なる希求を知っていき、生命の根源にふれることにつながったのではないかとの指摘がなされていた。他者たちの網の目に照らされながら都度々々生起していく「私」の、不可思議な深みや豊かさを強く実感するシンポジウムだった。死もまた、私たちの出会う他者なのかもしれない。そして、ワークショップでも感じたことであるが、治療者が感性と思慮とを繊細に響きあわせつつ、十全にこころを働かせていることが面接の展開を深く支えることを教わる機会であった。

　研究発表では12の事例研究発表と基礎研究発表があった。ここでは、北山純先生の基礎研究発表「自然の死としての水俣病——共同体からの離反、狂い、そして個の生成」を取り上げたい。水俣病は現代史上重大な公害問題の一つで、政治社会、医学、文学等、多岐にわたる側面と関連する。研究発表では、水俣の漁師、緒方正人氏に焦点を当て、アニミズム的な自然の享受・共生の現場であった海を汚され、患者団体による抗議運動を行っていた氏が、団体から袂を分かち、自身の内面へ降下してゆく経過が描出される。そこには徹底して内的要請に突き動かされて行動する、個人としての姿がある。結果的に緒方氏は「狂い」の体験を経るが、それは、意識が共同体という枠組みを踏み抜き、森羅万象に開かれる過程であった。その後、広がりや深みを兼ね備えた「個」的人間として、緒方氏は個々の人と出会い、対話する独自の市民運動を展開していくことになる。発表を聴きながら、プレコングレスで主題となっていた「意識」の歴史性やスピノザの無限性に関する議論などが思い起こされて興味が尽きなかった。

　臨床の日々が私の日常であって、日本ユング心理学会の大会は私にとって年に一度、寺社門前に立つ市のようなある種の非日常である。そこでは豊かな知見や人々の活気と息吹とが交わされて、手に入れたものが翌日からの日常の糧となる。このような機会のあることに深く感謝したい。

文献案内

女性のこころに関するユング心理学の基礎文献

豊田園子

豊田分析プラクシス

　本稿では、女性のこころについて考えるためのユング派の文献を紹介するが、基礎文献ということで手に取りやすい和訳があるものにほぼ限って紹介することにする。

1　アニマについて

　ユングは自分の無意識の深淵に分け入って女性に出会う。自分の心の中に自立性をもつ女性がいたことに、驚くと同時に、それは人々が共通にもつ集合的無意識に代々受け継いでいくある種の型である「元型」のひとつであると考えた。人々は「女性なるもの」という共通なイメージを生まれながらに心に備えていると考え、その元型をアニマと呼んだのである。ユングの心理学の中で女性ということを考えるときに、当然一番に思い浮かぶのはアニマのことであろう。彼は『元型論』（文献１）の中で、アニマのことを多くの元型のひとつに過ぎないと言いながらも、最初の元型としてアニマをもってきていることは重要である。同じく心の深淵で出会い、ユングにとって大きな意味をもつはずの老賢者の元型よりも、先にアニマが取り上げられているのである。それを彼は「たましい（ゼーレ）」と呼び、また自然の元型、生命の元型だとしたことを考えると、それが人間にとってどれほど大切なものかはわかるであろう。「女性なるもの」をこれだけ大事なものと捉えるところに、ユング心理学の特徴があり、それゆえに多くの女性を惹きつけたのかもしれない。

　アニマについては、和訳の『元型論』の中では、第２章の５「アニマと

こころ（ゼーレ）」（1936/1954）、第3章「元型——とくにアニマ概念をめ
ぐって」（1936/1954）を読んでいただきたい。そのほか、アニマについて
書かれている重要なものは全集7（文献2）にある「アニマとアニムス」
（1928/1953）で、和訳を『自我と無意識の関係』で読むことができる。ま
た、『アイオーン』（文献3）の中の第3章「シジギー——アニマ・アニム
ス」（1950）も見逃せないものである。

　それでは、ユング心理学は女性の心理を解明したといえるだろうか。残
念ながらそういうわけではない。実は、ユング心理学は「アニマ心理学」
かもしれないが、女性心理学ではないのである。なぜなら、あろうことか
ユングは女性にはアニマはないと言い切ったからである。ユングがアニマ
を男性の心の奥にあるたましいだとしたのは、それは現実に男性として生
きている人だからこそ、それと相反するものが無意識にあると考えたから
である。そして、現実に女性を生きる人には逆に無意識には男性なるもの
があり、それをアニムスと呼んだのであった。さらにアニマが情緒的なも
のに対してアニムスは理性的なものだとしたのである。そこには女性は情
緒的、男性は理性的という決めつけがある。そもそも上に述べたように、
アニマを生命の元型とするなら、女性にその元型が無いのはおかしいだろ
う。この点に関しては、今ではユングの捉え方は時代錯誤的との批判が出
ている。

　ユングは自分が男性なので、女性の心を理解するのは限界があり、それ
については女性自身が探求すべきだとも言っている。その呼びかけに応え
たのがユングの妻のエマ・ユングであった。それが『内なる異性——アニ
ムスとアニマ』所収の「アニムスの問題のために」（1931）（文献4）であ
るが、それは、女性の視点から、ユングのアニマの発達過程に倣って、ア
ニムスの発達過程を考えるなど、発展はあるものの、ユングの枠組みから
は離れられていない。それに対して、同じ書籍に収拾されているエマが晩
年に書いた「自然存在としてのアニマ」（1955）は、そう明言してはいな
いものの、エマは女性にとってもたましいとしてのアニマが大事であると
いうことを示そうとしたものと感じられる。

　ユングの女性についての偏向的態度は、男性と女性を相反するものとし

て、さらに男性性をロゴス、女性性をエロスに結びつけて考えようとした
ところにある。それは、ユングもまた彼が生きた時代の精神から自由でな
かったということかもしれない。今日のユング派では、性別に関係なく元
型としてのアニマとアニムスの両方があるという考え方をする傾向にある。
　ユングは父性的宗教であるキリスト教のもとに花開いた西欧文明におい
ては、女性性には重きが置かれず不当な扱いを受けていたことを示唆し、
キリスト教の父と子と聖霊の三位一体に欠けたものとして、女性性を考え
ようとした。ユングにとっては4となって初めて全体性を回復できると考
えたのである。ただ、この4番目に来るものとして、ユングは女性を挙げ
る時と、悪を挙げる時があるというのが、これもまた問題である。ユング
は見失われていた女性性に光を当てるとともに、女性に対しては怖れもま
たもっていた。ユングの母親の中に、普段の快活な人物像とは別に、時と
して得体の知れない怖れを感じさせる面が現れることを、ユングは幼少期
から気づいていたのである。霊能者の家系を引くこの母親の二面性はユン
グ自身にも受け継がれたのであるからこそ、見過ごすことはできないもの
であった。母との問題は、ユングが初めに取り組まねばならない問題であ
った。

2　母なるものについて

　無意識というものに目を向けるようになり、一時はフロイトと親密な関
係をもったユングであったが、やがてフロイトと決別することになる。そ
のひとつの要因が『変容の象徴』（文献5）の出版であったと言われてい
る。これは、直接には面識のないミス・ミラーという若い女性の空想の記
録を雑誌で目にし、それを豊富な神話素材をつぎ込んで解釈しようとした
形をとっているが、特に「英雄の誕生」「母と再生の象徴」「母から自由に
なるための戦い」の章は、いかに母親の影響力から解放されるかを模索し
たものといえるだろう。フロイトが父というものに重きを置いたのに対し
て、母の影響力に目を向けているところにユングらしさがあるといえる。
母はここでは原初の混沌とも、無意識の脅威とも捉えられ、英雄の龍殺し
に象徴されるような、征服されなくてはならぬ怪物でもあった。

　ユングが「母なるもの」を人々の集合的無意識にある重要な元型と位置
づけたのも当然である。人々がどれほど「母」というイメージにとらわれ
ているかは、母ということばにどこか故郷のような懐かしさを感じること
にも表れているだろう。しかし、元型がどれもそうであるように、負のイ
メージも含まれているから、そのイメージは慈愛の母から子どもを食らう
恐ろしい鬼婆までの広い幅をもつ。母親元型については、『元型論』（文献
１）の第４章「母元型の心理学的諸側面」（1938/1954）に詳しい。そこで
は、母親コンプレックスについて、息子の場合、娘の場合と分けて考えら
れている。さらに、同書の第５章「母娘元型──デメテル＝コレー神話」
（1941/1954）では、母娘関係のいろいろなパターンを挙げているのだが、
これについては今日問題が深刻化している母娘関係を考えるうえでも、大
変に参考になる内容であり、少しも古びていないといえる。母親元型につ
いては、弟子のエーリッヒ・ノイマンの『グレート・マザー』（文献６）
も豊富な図版から多くの示唆を得ることができる。

3　女性の心の探求と個性化について

　ユングは、自分の周りに集まってきた女性たちに対し、女性であっても
それぞれがその人らしく個性化の道をたどるように励ました。しかし、実
際それをするのはその時代にあって、容易なことではなかった。その中で、
アメリカからユングを訪ねてきたクリスチアナ・モーガンにユングは魅了
され、自分が無意識との対決で編みだした、アクティブ・イマジネーショ
ンという方法を勧め、そのイメージをつむぐことで、ユングの『赤の書』
と同じようなものを創るようにと励ました。彼女から報告されたイメージ
のシリーズをユングはそれほど間を置かないうちにセミナーで取り上げる
ことになる。それが『ヴィジョン・セミナー』（1933）（文献７）である。
それは、女性の個性化の過程の得がたい記録になるはずであった。しかし、
セミナーは中断する。今ではユングが原本中盤の女性にとっては重要と思
われる部分を故意に取り上げなかったことが指摘されてもいる。発表され
ていない図版を含めて、全容が明らかにされる日が待たれる。

　女性の心の発達過程を示したものとして、よく取り上げられるのは、弟

子のノイマンによる『女性の深層』（文献8）である。男性と違い、母親と同質性をもつ女性の場合の心の発達の在り方は当然男性とは違うことの指摘や、月に象徴されるものとして母権的意識を想定したところは意味深い。本書の三つの論文に加え、二つの論文を加えて英語で出版された『女性への恐れ』（文献9）では、男性の心にある、女性的なるものへの恐れについて取り上げていることは大変意味深く、それがあるからこそ、男性の女性への見方が偏向することが納得される。

　同じく月という象徴から女性の心を捉えようとしたのは、エスター・ハーディングである。彼女の『女性の神秘』（文献10）では、全編月をめぐる神話を集め、検討することで女性の心を理解しようとしている。また、女性の弟子の筆頭に挙げられるフォン・フランツは、昔話の研究で有名であるが、彼女の『メルヘンと女性心理』（文献11）は、特に女性の心を理解するうえで取り組みやすい本であろう。同じくおとぎ話から母親の問題を取り上げたものに、ビルクホイザー・オエリの『おとぎ話における母』（文献12）がある。

　以降、多くの女性たちが自らの心の問題に女性として取り組んできている。そうした女性著者たちの仕事を抜粋し集めたものとして、コニー・ツヴァイクが編集した『女性の誕生』（文献13）は全体を見渡すのにとても便利な本だといえる。そこで抜粋されているものの原本あるいは同著者のいくつかは翻訳があるので紹介しよう。まず、マリオン・ウッドマンは、摂食障害の女性たちと接する中で女性性の問題に取り組み、女性的意識ということを提言しているのだが、『女性性の再発見』（文献14）はその最初の著作である。父と娘の関係を扱ったもので重要なのが、レナードの『娘の心が傷つく時』（文献15）である。また、シルヴィア・ペレラの『神話にみる女性のイニシエーション』（文献16）はシューメールの神話にあるイナンナの冥府下りを取り上げたものであり、多く参照される文献のひとつである。女性は男性から与えられた枠組みを出て、それぞれが自分の道を模索しようとしている。そのほかにも多くの書籍が日本にも紹介されつつあるがきりがないので、最後にアメリカでベストセラーになったピンコラ・エステスの『狼と駆ける女たち』（文献17）を挙げておく。エステス

は多くの物語の語り手として、女性が失ってしまっている「野性の女元型」を取り戻すことの大事さに目を向けさせる。女性がこれまでことばにしてこなかったことをことばにするには、男性的論述ではなく、物語るという形がふさわしいのかもしれない。

　ユングは女性に新たな光を当ててくれたのは間違いがない。ただ、ユングが男性であるゆえの、いくらかの偏向があったとすれば、女性たちは男性の言説に影響されすぎずに、自らの本性から目を背けずに、心の探求に立ち向かうしかないのだろう。

取り上げた文献（上記紹介順）

１．Jung, C. G. (1976). *Die Archetypen und das kollektive Unbewußte. GW* 9 /i. (林道義（訳）(1999). 元型論　増補改訂版　紀伊國屋書店)

２．Jung, C. G. (1964). *Zwei Schriften über Analytische Psychologie. GW* 7. (野田倬（訳）(1982). 自我と無意識の関係　人文書院)

３．Jung, C. G. (1976). *Aion: Beiträge zur Symbolik des Selbst. GW* 9 /ii. (野田倬（訳）(1990). アイオーン　人文書院)

４．Jung, E. (1983). *Animus und Anima.* Fellbach: Verlag Adolf Bonz. (笠原嘉・吉本千鶴子（訳）(1976). 内なる異性――アニムスとアニマ　海鳴社)

５．Jung, C. G. (1973). *Symbole der Wandlung: Analyse des Vorspiels zu einer Schizophrenie. GW* 5. (野村美紀子（訳）(1985). 変容の象徴――精神分裂病の前駆症状　筑摩書房)

６．Neumann, E. (1956). *Die grosse Mutter: Eine Phänomenologie der weiblichen Gestaltungen des Unbewußten.* Zürich: Rhein-Verlag. (福島章他（訳）(1982). グレート・マザー――無意識の女性像の現象学　ナツメ社)

７．Jung, C. G., Douglas, C. (Ed.) (1997). *Visions: Notes of the Seminar Given in 1930-1934.* Princeton, NJ: Princeton University Press. (氏原寛・老松克博（監訳）(2011). ヴィジョン・セミナー　創元社)

８．Neumann, E. (1953). *Zur Psychologie des Weiblichen.* Zürich: Rascher Verlag. (松代洋一・鎌田輝男（訳）(1980). 女性の深層　紀伊國屋書店)

9．Neumann, E.（1994）. *The Fear of the Feminine and Other Essays on Feminine Psychology*. Princeton, NJ: Princeton University Press.

10．Harding, M. E.（1970）. *Woman's Mysteries: Ancient and Modern*. New York, London: Harper & Row.（樋口和彦・武田憲道（訳）（1983）. 女性の神秘――月の神話と女性原理　創元社）

11．Franz, M.-L. von（1977）. *Das Weibliche im Märchen*. Fellbach: Verlag Adolf Bonz.（秋山さと子・野村美紀子（訳）（1979）. メルヘンと女性心理　海鳴社）

12．Birkhäuser-Oeri, S.（1976）. *Die Mutter im Märchen*. Fellbach: Verlag Adolf Bonz.（氏原寛（訳）（1985）. おとぎ話における母　人文書院）

13．Zweig, C.（Ed.）（1990）. *To Be a Woman: The Birth of the Conscious Feminine*. New York: Jeremy P. Tarcher.（川戸圓（訳）（1996）. 女性の誕生――女性であること・意識的な女性性の誕生　山王出版）

14．Woodman, M.（1980）. *The Owl Was a Baker's Daughter: Obesity, Anorexia Nervosa and the Repressed Feminine*. Toronto: Inner City Books.（桑原知子・山口素子（訳）（1987）. 女性性の再発見――肥満とやせ症を通して　創元社）

15．Leonard, L. S.（1982）. *The Wounded Woman: Healing the Father-Daughter Relationship*. Chicago: Swallow Press.（藤瀬恭子（訳）（1987）. 娘の心が傷つく時――父・娘関係の治癒　人文書院）

16．Perera, S. B.（1981）. *Descent to the Goddess: A Way of Initiation for Women*. Toronto: Inner City Books.（山中康裕（監修）杉岡津岐子他（訳）（1998）. 神話にみる女性のイニシエーション　創元社）

17．Pinkola Estés, C.（1992）. *Women Who Run with the Wolves: Myths and Stories of the Wild Woman Archetype*. New York: Ballantine Books.（原真佐子・植松みどり（訳）（1998）. 狼と駆ける女たち――「野性の女」元型の神話と物語　新潮社）

海外文献

禹　鍾泰
京都文教大学

　ここで紹介するのは、『老子とユング——『道徳経』の分析心理学的解釈』（李符永著、ハンギル社、2012）である。

　著者の李符永は『臨床ユング心理学研究』第9巻第1号の「海外ジャーナル・レビュー」でも紹介したところであるが、韓国のユング派分析家で精神科医であり韓国ユング研究院の設立者でもある。M-L・フォン・フランツの分析と指導を受けた数少ない現役の分析家の一人であろう。現在も旺盛な教育と著述活動を行っているが、本書は、韓国ユング研究院会報である『ギル』に2000年より13回にわたって連載された内容を軸に、2012年に全11章354項の著書としてまとめられたものである。近著の『ゲーテとユング』（ハンギル社、2020）もその趣旨において、本書と合わせて大変興味深い。本書は、ユング心理学と老子の「道」との接点に着眼したものであるが、著者自身の「道」と人生に対する思いが強く感じられる内容となっている。前半にはユングにとっての『道徳経』における「道」の意味が述べられているが、大半はユング心理学の見地から老子思想を読み説くといったスタンスが貫かれている。本書において参照された『道徳経』は、様々にある注釈本の中から主に中国の王弼本を用いながら、必要に応じて他の解釈本を紹介する形で論が進められている。著者が参照している解釈本の中には、簡野道明をはじめ、日本語の文献も一部見受けられるが、その大半は韓国人研究者による書物であるため、日本人にとっては著者の論旨の裏づけを求めるのはいささか困難かもしれない。

　本書は、内容もボリュームがありテーマも多岐にわたっているので、と

りわけユング心理学との関連が深い内容と著者独自の見解が見受けられる箇所に絞って簡単に紹介するほかない。まず、ユングの「自己」と老子の「道」との接点、そして、ユングと老子思想との出会い、特にユングが「自己」に関する自らの考えを裏づけるものとして老子の『道徳経』を理解した経緯が最初に述べられている。「合一の体験は、我々西ヨーロッパの神秘が、インドの宗教や哲学、中国の道哲学、日本の禅において認められる[注1]」としたユングの語りは、ユングが東洋の思想に広く関心を寄せていた事実を指摘しているが、本書は、とりわけ老子や「道」の影響に焦点づけられていて、「ユングと老子を出会わせる」ことを本書の意義であるとした筆者の思いが伝わるところである。続いて、「道」はすべてを受け入れる空っぽの器であり、そこから何を悟るかが問われるとし、さらに、老子の『道徳経』は象徴言語が用いられていることにより宇宙と人生に関する詩であるとした語りに、著者の老子思想に対する思いが伝わる。

　ユングが老子思想に見出した意味とその出会いの経緯については、1928年のユング自身の夢に現れ、「黄金の城」と名づけたイメージが醸し出す'中国的印象'と、当時出会ったR・ヴィルヘルムの翻訳による『太乙金華宗旨』にユング自身のマンダラに関する考えとの一致があったことを紹介している。さらに、老子思想にユング自身が「自己」や「中心」との一致を見出した経緯については、『道徳経』に注いだ大きな関心と『道徳経』との出会いを「それは私の孤独を打ち破る最初の事件であった。そこに私は仲間意識を感じ結ばれた[注1]」と振り返ったユングの言葉を取り上げ、ユングにとっての「道」は単なる知的概念を超え、ユング自身の個人的体験であったと論じているところも目を引く。出会いの経緯は、よく知られているR・ヴィルヘルムとの出会いよりもっと古いと指摘し、また、『赤の書』に見受けられる『道徳経』との驚くほどの一致についても言及し、それを認めながらも、そのことを老子からの影響ではなくユング自身の個人的体験に還元し、さらに錬金術やグノーシス思想の影響の可能性を指摘している。一方、ユング心理学を論じる際に、道教のような東洋思想からの影響を指摘することについても、誤解を招く恐れがあると論じ、ユングの中心概念である「自己」や「中心」に対する普遍性を東洋思想から見出したと

理解すべきであると述べていることも頷けるところである。

　次に、「道」の本質について膨大な資料を参照しながら論じている。この作業のために著者は種々の解釈本の細部にみられる相違を超え、著者なりの共通した理解を導き出そうとしており、特に『道徳経』の第4章と第25章における「道」の本質を「天地以前から存在するが、わからないもの、わからないが存在し作用しているもの」であると言明している。このことについては、ユングが引用した翻訳本の正確さに多少の疑問を呈しながらも、「何とも規定できないが、完全なもの、……渾然とした形のように見聞きしても分別できない'あるもの'」であるとし、ユングも概ね同様の理解を示しているのではないかとしている。また、簡野道明の「道とはなにかから生まれるものではなく、万物の本源である」という叙述も同様の認識を示すとして紹介している。さらに、「道」本質を、錬金術における「宇宙創成神話における太古の混沌」に相当するものであるとしながら、「道」の本質に迫ろうとしている。

　著者の『道徳経』解釈はさらに続くが、「対極合一の象徴としての道」は、ユング心理学との関連において特に目を引く。著者は『道徳経』第2章において、ユングが強調する対極の合一を見出し、ユングも自身の考える対立する心理的要素、対極とその合一の思想が早くから東洋思想において花咲いていたことを見つけ、深い共感を示したと指摘する。さらに、この思想こそは、心理的対極間に生起する緊張や葛藤、さらには抑圧されていたと思われた心的内容からの反転、すなわちユングのエナンチオドロミアであるとする。また、「道」に内包されている対極を統合する思想が人間の無意識に存在することを見出し、それをユングが超越機能であるとし、「道」とユング思想を結びつけている。このように、ユングの言う心理的対極は人間のサイキ全体を構成しているので、どちらかを抑圧し排除しようとすると、それは無意識の中でエネルギーを蓄え、後に意識を支配するので、ユングはそういう対極の間に働く原理を「道」に見出したのだと論じている。ユングと老子の両思想の関連づけについては、すでにユング自身も語っている内容であるので、著者はそのことを紹介する立場をとっている。著者は「対極の合一」に関連し、「対極の相対性」についても言及

しているが、『道徳経』の第2章から「対極とは対立した両極ではなく、一つの根っこをもつ相対的なもの」とした理解にたどり着いているところも興味深い。本書では、ユング思想全般に対して『道徳経』の知恵を以って裏づける、または補強するといったスタンスがとられているが、その中心はやはり「対極の合一」に置かれているといえる。

　『道徳経』とユング心理学の接点について、本書において筆者が最も強調して取り上げているのは「対極」と「合一」の問題だが、その他に、ユングが直接取り上げなかった『道徳経』の各章またはテーマについて、ユング心理学との関連を意識しながら大変含蓄ある解説を行っている。それらのテーマと『道徳経』の各該当箇所だけを紹介すると、まず第22章から「無意識の補償作用」を、第29章の‘神器’から「神妙なる器の意味」を、第39章から「一つへの回帰」を、第36章の‘微明’から「秘められた智恵や明察の価値」を、第42章から「対極の起源」を、第77章から「優越機能と劣等機能」を、第28章から「自己実現の本質」を、第49章などの各章から「善と悪」を、ユングのセミナーと第48章などから「無為」または「無」を、第25章・第11章ほかの各章から道（みち）、軌道、摂理、偶然と人為と関連づけて「共時性」を、第29章の‘過’から行き過ぎない中庸のような境地を、それぞれ論じている。他にも全体にわたって多数のテーマに関する解釈が行われているが、とりわけ第29章の‘聖人’を治療者イメージと関連づけて解釈したところは、著者の臨床家、精神科医としての体験に基づく語りであろう。著者は、老子のいう‘聖人’を「召命を受けた者」、または「道と一致した生き方をする者」と解釈し、つまり、「大衆の中で塵とともに存在し（同其塵）、無言で人を助ける者」と規定している。召命や道と塵の関連づけに若干惑いは感じるが、著者自身の治療者像を覗かせる興味深い解釈である。

　本書は、『道徳経』とユング心理学との接点に絞られた内容ではあるが、一部『道徳経』とは関係のない、いわゆる東洋的思想全般にまで広げられた議論も見受けられるので、老子思想との混同も多少懸念される。しかし、そういう著者の意図せぬ混同に最も著者らしさを発見することができるような印象も受ける。一例として、「対極の受容による治療原理」との小見

出しの部分は、熱を以って熱を治めるという「以熱治熱」の思想を東洋的癒しの知恵であるとして紹介している。著者が言う通り、これは『道徳経』からではなく東洋思想全般にまで視野を広げることで遭遇する思想だが、筆者はこの言葉の意味を「対極に逆らわないで受容する癒し」であると規定しながら、森田療法のあるがまま、行動療法の脱感作法、フランクルの逆説志向などの思想と結びつけて解釈している。さらに、フランクルとユングに共通してみられる「以熱治熱」的思想として「苦痛の意味」を深く認識することであると指摘し、不安やうつといった症状の背後に潜む「目的意味」に関連づけていることも紹介しておきたい。他にも、老子思想との関連を離れて、優越と劣等との関連の中で、劣等が優越を超越することはなく劣等な部分は残り続けるものであり、ユングの自己実現とは‘完全な’人格を意味するものではない、と解説したところもおそらく著者自身の哲学と重なるところであろう。

　ユング心理学の様々な象徴の意味と解釈についても、『道徳経』からの引用を交えながら後半部で論じている。とりわけ、「水」の象徴的意味について、「道」の思想から導き出された「生き物に益をもたらしながらも人々が敬遠するところにとどまる性質から‘最良の善’である」とした解説も興味深い。その他、沢・丸太・赤ん坊など、多くの興味深い象徴論的解説が展開されている。なお、「からだ」の象徴的意味についての論述では、『道徳経』の第12章における「からだ」は感覚と快楽の要素が強調された物質的側面であると解釈し、同時に警戒の対象であると描写する一方で、第13章の「からだ」では、物質に対する否定的態度を読み説くとともに、「身体」を人格そのものとして解釈できる可能性にも言及している。さらに、こういう対比を理解する一つの可能性として、ユングのペルソナ概念が有効であろうと提案しているところから、『道徳経』の「からだ」を物質と精神性の対比、さらにはペルソナと自己の対比として、すなわち「からだ」の両義性を論じているように見受けられる。本書の結びとしては、「生と死」「‘道’の侘しさ」のそれぞれのテーマについて、著者の思いが綴られている。老年期に寄せる著者のエッセイのような淡々とした語りが印象的である。

『道徳経』とユング思想のいずれに対しても、先人の叡智に対する著者の敬意に満ちた文体が印象的な著作である。また、前半部では両思想に関する探索的姿勢が強く感じられるが、後半部においてはエッセイ的雰囲気が深まるとともに、著者個人の語りをより強く感じさせられる。併せて、ユングと老子の両思想を結びつける、出会わせる目的意識が緩んだ隙間から覗かせる著者ならではの語りには強く引き寄せる魅力を感じる。

注

1　Jung, C. G., Jaffé, A. (Ed.) (1971). *Erinnerungen, Träume, Gedanken von C. G. Jung.* Olten: Walter Verlag, p.201.

2　当該箇所に関するユングの言及は、*GW* 6：*Psychologische Typen*, 1960, p.229において R・ヴィルヘルムではなく、パウル・ドイセンによる翻訳本を用いたとされる。

3　簡野道明『老子解義』明治書院、1966、p.31.（この引用部は、著者による韓国語訳を日本語訳したもので、正確な文章は簡野の原著を参照されたい。）

4　Jung, C. G. (1952). *Psychologie und Alchemie*, Zürich: Rascher Verlag, p.444.

5　Jung, C. G., McGuire, W. (Ed.) (1984). *Dream Analysis: Notes of the Seminar Given in 1928-1930.* Princeton, NJ: Princeton University Press, pp.621-623.

2018年9月16日改訂

日本ユング心理学会は，機関誌として『ユング心理学研究』と『臨床ユング心理学研究』の２種類を発行しています。これらの機関誌に研究論文の投稿を希望される方は，各機関誌の違いを考慮の上，以下の投稿規定にしたがって投稿してください。

Ⅰ　投稿資格
1．研究論文の投稿資格は，原則として，日本ユング心理学会正会員に限る。

Ⅱ　論文の内容と規定文字数
2．『ユング心理学研究』は市販される機関誌であり，理論研究，文献研究に基づく研究論文を中心に掲載する。臨床心理学・精神医学の領域に限らず，幅広い領域から，学際的な研究論文も受け入れる。

　『臨床ユング心理学研究』は会員にのみ頒布される機関誌であり，臨床事例研究に基づく研究論文を中心に掲載する。

　投稿の際は，いずれの機関誌に掲載を希望するか，原稿に明記すること。ただし，内容によっては，編集委員会の判断で，希望通りにならない場合もある。

3．論文の内容は未公刊のものに限り，分量は16,000字（40字×40行×10枚）を限度とする。図表類はその大きさを本文の分量に換算して，文字数に含めること。原稿の冒頭に，原稿の総文字数を記載すること。

Ⅲ　原稿作成に関する一般的注意
4．原稿のサイズはA４判とし，１ページあたり40字×40行（1,600字）とすること。

5．原稿は横書きで，原則として常用漢字・新かなづかいを用い，数字は算用数字を用いること。

6．Th., Cl., SCなどの略語は原則として使用しないこと。ただし，記述が煩瑣になることを避けるために用いる場合などには，初出の際にその略語の意味を明示した上で使用すること。

Ⅳ　プライバシーへの配慮
7．臨床事例を用い，クライエントに関する情報を記載する場合には，記載する情報は最小限度とし，プライバシーに十分配慮すること。

Ⅴ　外国語の表記
8．外国の人名，地名などの固有名詞は，原則として原語を用いること。その他の外国語はなるべく訳語を用いるが，外国語を用いる場合は，初出の際，訳語に続けて（　）をつけて示すものとする。

Ⅵ　図表
9．図や表は，図１，表１などと通し番号をつけ，それぞれに題と内容を記載すること。

Ⅶ　引用
10．本文中に文献を引用した場合は，引用した箇所を「　」などでくくって明示すると同時に，著者名，刊行年，引用ページを記載すること。
　　a）本文中に著者名を記載する場合。
　　　　河合（1995）は，「○○○」（p.○）と述べている。
　　b）引用の終わりに著者名を記載する場合。
　　　　「○○○○○○」（河合，1995，pp.○−○）。
　　c）翻訳書の場合は，原書の刊行年と翻訳書の刊行年を，"/"で併記する。
　　　　本文中に記載：Jung（1935/1987）引用の終わりに記載：(Jung, 1935/1987)
　　d）著者が３名以上いる場合は第１著者名のみを記し，第２著者以降は日本語文献では"他"，外国語文献では"et al."と略記する。

Ⅷ　引用文献

11. 引用文献は，本文の終わりに「文献」の見出しで，著者の姓のアルファベット順に一括して記載すること。

 a）雑誌の場合：著者名，刊行年，論題，誌名，巻数，号数，掲載ページの順に記す。誌名は，日本語・外国語いずれの場合も，略称は用いない。

  日本語例）横山博（1995）．ユング派の心理療法における転移／逆転移　精神療法，21（3），234-244.

  外国語例）Giegerich, W.（1999）. The "patriarchal neglect of the feminine principle": A psychological fallacy in Jungian theory. *Harvest*, 45, 7-30.

 b）単行本の場合：著者名，刊行年，書名，出版社の順に記す。外国語文献の場合は出版社の前に出版地も記載する。編集書の中の特定章の場合は，著者名に続けて，刊行年，章題，編者名，書名，掲載ページ，出版社の順に記す。

  日本語例）赤坂憲雄（1985）．異人論序説　砂子屋書房

  外国語例）Hillman, J.（1975）. *Re-Visioning Psychology*. New York: Harper & Row.

  Bosnak, R.（1997）. *Christopher's Dreams: Dreaming and Living with AIDS*. New York: Bantam Dell Publishing Group.（岸本寛史（訳）（2003）．クリストファーの夢──生と死を見つめたHIV者の夢分析　創元社）

 c）上記とは別に，ユング全集（ドイツ語版，英語版）からの引用については，引用箇所の末尾に，ページ数ではなくパラグラフ数を明記すること（Jung, *GW* 7, par.28　あるいは，Jung, *GW* 7, §28）。

Ⅸ　英文要約

12. 研究論文は，上記のほかに英文要約（100〜175語）と英文キーワード（3つ）を添えて投稿すること。

 a）英文要約：ABSTRACTとして，英語の論題と氏名・所属に続けて記載すること。

 b）英文キーワード：Key Words として，英文要約の下に記載すること。

 c）英文要約の日本語訳（400〜450字）と英文キーワードの日本語訳も添えること。

 d）英文は英語の専門家の校閲を経ていること。

Ⅹ　特別な費用が必要な場合

13. 論文の掲載に際して，印刷上，特別の費用を要する事情が生じた場合は，投稿者が負担するものとする。

Ⅺ　研究論文の著作権

14. 掲載された研究論文の著作権は日本ユング心理学会に帰属する。当該論文を他の出版物に転載する場合は，日本ユング心理学会の許可を得なければならない。

Ⅻ　投稿論文の提出

15. 投稿論文は，正本1部，副本（正本のコピー）2部の計3部にデータを添えて，下記宛に簡易書留もしくはそれに類する送付手段で提出すること。副本では，氏名・所属，謝辞などを削除すること。

  日本ユング心理学会 編集委員会

  〒541-0047　大阪市中央区淡路町4-3-6　株式会社 創元社内

16. 研究論文の再投稿は，審査結果の通知後1年を期限とする。1年を経過して再投稿された場合は，新規の研究論文として審査を行う。

『ユング心理学研究』バックナンバー
第1巻、第2巻のご購入については、下記までお問い合わせください。
一般社団法人日本ユング派分析家協会（AJAJ）事務局
E-mail:infoajaj@circus.ocn.ne.jp　Fax:075-253-6560

ユング心理学研究　第16巻

西欧近世の意識とユング心理学

2024年4月30日　第1版第1刷発行

編　者 ………………………………………………
日本ユング心理学会
発行者 ………………………………………………
矢　部　敬　一
発行所 ………………………………………………
株式会社 創　元　社
https://www.sogensha.co.jp/
本社 〒541-0047 大阪市中央区淡路町4-3-6
Tel.06-6231-9010　Fax.06-6233-3111
東京支店 〒101-0051 東京都千代田区神田神保町1-2 田辺ビル
Tel.03-6811-0662
印刷所 ………………………………………………
株式会社 太洋社

©2024, Printed in Japan
ISBN978-4-422-11716-4 C3311

〈検印廃止〉

C.G. Jung THE RED BOOK LIBER NOVUS

赤の書 ［テキスト版］

C・G・ユング［著］
ソヌ・シャムダサーニ［編］
河合俊雄［監訳］
河合俊雄・田中康裕・高月玲子・猪股剛［訳］
A5 判・並製・688 頁　定価 4,950 円（税込）

オリジナル版『赤の書』からテキスト部分のみを取り出した普及版。シャムダサーニによる渾身の序論「新たなる書―― C・G・ユングの『赤の書』」や詳細を極めた脚注など構成内容はそのままに、より読書に適した形に本文レイアウトを変更し、携帯可能なサイズにまとめた。元型、集合的無意識、個性化など、ユング心理学の最重要概念の萌芽が数多く提示され、ユング理解に欠かせない最重要テキストにじっくり向き合いたい読者にとって必須の一冊。

赤の書 ［図版版］

C・G・ユング［著］
A5 判・並製・224 頁　定価 5,500 円（税込）

「テキスト版」と同じハンディーなサイズ・仕様で、オリジナル版『赤の書』の図版のみをオールカラーで収録したコンパクト版。「テキスト版」とセットで、オリジナル版の内容全体をカバーする。